ゼロから話せるイタリア語

[改訂版]

会話中心

畑瞬一郎 著

三修社

まえがき

■イタリア語に生まれてはじめて接しようとする人，旅行会話から入ったけれど文法も理解したいと思いはじめた人，イタリア語のもっとも基本的な枠組みを実際に使える表現を通して学びたいと考えている人，さて，どんなテキストを選んだらよいのでしょうか？　外国語を学ぶには実践（会話）と論理（文法）にバランスよく触れていかなければならないのですが，"言うは易し"で，なかなか難しいものです．本書は，いわゆる会話集でもなければ文法書でもないユニークな構成をとりながら，簡単に実践的な文章を通して読者にイタリア語のエッセンスを理解してもらおうという願いから生まれたものです．

■語学には土台となる基礎文法が大切なのは言うまでもありませんが，すべてを網羅的に積み上げていこうとすれば，その膨大な暗記事項を前にしてやる気が萎えてしまうとしても当然なのかもしれません．本書は文法事項を思いっきり最小限にとどめ，すぐに使える簡明な表現を用いながら，それでもイタリア語の構造をかなりの程度まで理解できるように工夫されています．また，量の面でもきわめてコンパクトになっており，ここで文法の大枠を理解した後，より本格的な文法書や教科書へとステップアップしていただきたいと思います．その意味で本書は「はじめの一歩」として利用するのに最適な手引き書となっています．

■さいわいイタリア語のつづりと発音は，日本語のローマ字表記によく似ているので，日本人にはとても馴染みやすいものです．本書では，ひとつひとつの表現にカタカナが付されており，それだけでも原音に近い発音ができますが，できるだけ CD を利用しながら，正確な発音をよく聞いて，楽しく真似してみることをお勧めします．

■ユニークな構成を打ち出した本書がこうして長く版を重ね，改訂版を出すことができたのはこれまでお世話になった多くの方々のおかげです．Grazie mille!

畑　瞬一郎

本書の使い方

本書は「覚えるフレーズ」「ダイアローグで学んでみよう」「文法」「ヴィジュアル・イタリア語」の4つのコーナーから構成されています．

■I　覚えるフレーズ
コミュニケーション（会話）の出発点となる短い表現を文法事項を気にせずに覚えてください．ここにあげられた表現を覚えておくだけで簡単なコミュニケーションができるはずです．イタリア人との，そしてイタリアという国とのコミュニケーションの第一歩を踏み出してください．

■II　ダイアローグで学んでみよう
全部で21の項目から構成されています．それぞれの項目には，日常生活に場面を設定した簡単な「会話」とその「解説」に加え，ポイントとなる文法事項のまとめと説明，ボキャブラリーや表現のバラエティーを増やすための様々な用例があげられています．項目が進んでいくごとに文法的には難しくなっていきますが，ほとんどが実践的に使える例文ですから「あまり文法にこだわらずに覚えてしまえ」という気持ちで進んでいってもかまいません．必要に応じて「文法編」を参照していただければさらに理解の助けとなるでしょう．「文法事項を最小限にとどめる」という本書の趣旨から，**essere** と **avere** の2つの動詞以外は基本的に主語を単数人称に限って説明していますので，複数人称については「文法編」を参照してください．

■**文法**

ダイアローグで学んだ文法事項を，より詳細に，そして，簡潔に説明しています．必要に応じて参照するとともに，正確な規則を体系的に理解するために繰り返し開いてみることをお勧めします．

■**ヴィジュアル・イタリア語**

日常生活で頻繁に用いられる事物をイラストで説明しています．本書の例文に応用することで表現の幅が広がることでしょう．もちろん，それぞれの単語だけでも状況によっては十分に意志を伝えられますから，楽しみながらボキャブラリーを増やしてください．

また，巻末の**INDEX**では本書に使われた単語をアルファベット順にリストアップされています．簡単な語義説明とともに初出ページあるいは参照すべきページが記載されているので，本文とあわせて活用してください．

もくじ

■**本書の使い方**

■**Ⅰ 覚えるフレーズ** ……………………………………………………… 1

おはよう(こんにちは)，こんばんは(こんにちは)，おやすみなさい，はじめまして，やあ！(チャオ)，さようなら，お元気ですか，元気です，ありがとう，どういたしまして，どうぞ，お願いです，これをもらいます，いいですよ，はい／いいえ，すみません(ごめんなさい)，トイレはどこですか，いくらですか，私の名前は〜です，英語を話せますか

■**イタリア語とは** ……………………………………………………… 12

■**Ⅱ ダイアローグで学んでみよう** ……………………………………… 15

Dialogo 1 私は京都出身です ……………………………………… 16
　　■essere「〜です」を用いた基本的な表現　■名詞の仕組み

Dialogo 2 ローマには泉がたくさんあります …………………… 20
　　■「〜がある」という表現　■「〜がありますか」
　　■形容詞の使い方

Dialogo 3 お腹がすいています …………………………………… 24
　　■avere「持っている」を用いた様々な表現

Dialogo 4 カプチーノをお願いします …………………………… 28
　　■冠詞　■1〜10の数字

Dialogo 5 これがあなたの部屋ですか …………………………… 32
　　■「私の〜」という表現　■色や国籍をたずねる表現

Dialogo 6 これは何ですか ………………………………………… 36
　　■「これ」と「あれ」
　　■「何ですか」「何と言うの」「何という名前なの」

Dialogo 7 手紙を書きます ……………………………………… 40
　　　　　　■規則動詞の活用　■「～しましょう」という表現

Dialogo 8 お子さんは何人いらっしゃいますか ……………… 44
　　　　　　■数量の表現「多くの」「少しの」「いくつかの」

Dialogo 9 オペラが好きです …………………………………… 48
　　　　　　■「～が好きだ」という表現　■「好む」「気に入る」

Dialogo 10 舞台はいつ始まるのですか ……………………… 52
　　　　　　■時間の表現「いつ」「何時に」

Dialogo 11 今日は寒いです …………………………………… 56
　　　　　　■天候に関する表現　■fare「する」を用いた表現

Dialogo 12 私は知りません …………………………………… 60
　　　　　　■「知っている」と「わかる」

Dialogo 13 アンジョリーニ教授と話したいのですが ………… 64
　　　　　　■volere「～したい」を用いた表現　■願望や意志に関する表現

Dialogo 14 このジャケットを試着してもいいですか ………… 68
　　　　　　■potere「～できる」を用いた表現
　　　　　　■可能性や許可に関する表現

Dialogo 15 このコートのほうが長いのですが ……………… 72
　　　　　　■比較の表現　■「～よりも…だ」「もっとも～だ」

Dialogo 16 駅に行かなければなりません …………………… 76
　　　　　　■dovere「～しなければならない」を用いた表現
　　　　　　■義務や必要に関する表現

Dialogo 17 席を予約するにはどうすればいいのですか ……… 80
　　　　　　■駅で使える表現　■「一般に《人》は～します」

Dialogo 18 なんてきれいなの！… ……………………………… 84
　　　　　■感動や驚きの表現　■会話のアクセントとなる表現

Dialogo 19 サンマルコ寺院を見てきました ……………………… 88
　　　　　■過去の表現1

Dialogo 20 飛行機は出発しました ………………………………… 92
　　　　　■過去の表現2

Dialogo 21 イタリアに戻ってきます ……………………………… 96
　　　　　■未来についてのの表現

■文法　……………………………………………………………… 100

発音とアルファベット(100)，名詞(105)，冠詞(106)，形容詞(108)，所有形容詞(109)，数詞(111)，暦：月，季節，曜日(114)，国や都市の名前と，その形容詞(115)，代名詞(116)，副詞(117)，前置詞(118)，動詞の活用(120)，不規則動詞の活用(124)，不規則な過去分詞(128)

■ヴィジュアル・イタリア語　…………………………………… 130

家，台所(キッチン)，浴室(バスルーム)，書斎，衣装だんす，身体，顔，市場，交通，風景，建物，イタリアの地図

■INDEX　………………………………………………………… 142

コラム

ローマの泉(23)，絵葉書を3枚ください(31)，イタリアの映画館(43)，美声のイタリア(50)，手紙には接吻を！(55)，イタリアの四季(59)，オオカミの口に飛び込め！？(63)，幸運はあなたにも(75)，クリスマスは誰と？(83)，星よ，宝よ，我が愛よ(95)

I 覚えるフレーズ

おはよう（こんにちは）

Buon giorno!
ブオン　　　ジョルノ

朝起きてから昼過ぎまで使える挨拶です．正午を過ぎても3時から4時くらいまで日中の挨拶として使うことができます．

こんばんは（こんにちは）

Buona sera!
ブオーナ　　　セーラ

昼過ぎから夜まで使える挨拶です．3時・4時くらいから夜寝る前までの挨拶として使うことができます．

おやすみなさい
Buona notte!
ブオーナ　　　ノッテ

夜寝る前の挨拶です．夜遅い時間に人と別れるときにも"Buona notte!"と挨拶します．

はじめまして
Piacere!
ピアチェーレ

Piacereは名詞で「喜び」を意味しています．初めて会った人に，知り合うことができて「嬉しい」と表現しています．返事としては，"Il piacere è mio."［イル　ピアチェーレ　エ　ミーオ］「こちらこそ（出会えて嬉しいのは私のほうです）」と答えます．

tre
トレ

やあ！（チャオ）

Ciao!
チャーオ

すっかりお馴染みのイタリア語ですね．
出会ったときにも，別れるときにも使える便利な表現です．

さようなら

Arrivederci!
アッリヴェデルチ

別れるときの挨拶です．もう少しくだけた表現として"Ci vediamo."［チヴェディアーモ］という言い方も頻繁に用いられます．
（どちらも，「また会いましょう」というのが原義です．）

quattro
クワットロ

挨拶の基本ですね.
語尾を上げて発音しましょう.
親しい間柄（友人など）なら，"Come stai?"［コーメ　スターイ］「元気かい」
となります．

「良い」という意味を表す副詞です．"Sto bene."［スト　ベーネ］という
表現を短くしたものです.
敬語を使う間柄でも，親しい間柄でも同じように答えることができます．

cinque
チンクエ

5

ありがとう
Grazie!
グラッツィエ

もう少し丁寧に，"Grazie mille!"［グラッツィエ ミッレ］「どうもありがとう」と言うこともできます．

どういたしまして
Prego!
プレーゴ

「ありがとう」の返答に用いると，「どういたしまして」という意味になります．また，"Di niente!"［ディ ニエンテ］「なんでもないですよ」という表現もよく用いられます．

どうぞ
Prego.
プレーゴ

人に何かを勧めたり，差し出したりするときにも，この表現が用いられます．

例えば，誰かを部屋に招きいれるときなどにも"**Prego.**"と言うわけです．

お願いです
Per favore.
ペル　ファヴォーレ

何かをお願いするときに使う，英語の *please* にあたる表現です．
"**Un caffè, per favore.**"［ウン　カッフェ　ペル　ファヴォーレ］「コーヒー，お願いします」と言えば，コーヒーが注文できてしまいますね．

sette
セッテ

これをもらいます
Prendo questo.
プレンド　　　クエスト

"Prendo ..." は英語の "*I take ...*" にあたる便利な表現で,
"Prendo un caffè."［プレンド　ウン　カッフェ］
「コーヒーをいただきます」
"Prendo il treno."［プレンド　イル　トレーノ］
「電車に乗ります」のように, 様々な状況で使うことができます.

いいですよ
Va bene.
ヴァ　　ベーネ

「オーケー」という意味の, 頻繁に用いられる表現です. 語尾を上げて発音すれば,「いいですか (いかがですか)?」という意味になります.
"Va bene?"［ヴァ　ベーネ］「いかがですか」
"Sì, va bene."［シ　ヴァ　ベーネ］「ええ, けっこうです」

はい／いいえ
Sì/No
シ　　ノ

"Sì"は日本語の「シ」とはことなり,「スィ」に近い音です．また,"No"は，英語のような二重母音「ノゥ」ではありません．発音に気をつけてください．

すみません（ごめんなさい）
Mi scusi.
ミ　　スクージ

人に謝るときの表現です．簡単に,"Scusi!"［スクージ］と言ってもかまいません．

nove
ノーヴェ

トイレはどこですか
Dove è il bagno?
ドーヴェ　エ　イル　バーニョ

"dove" は場所を聞くときの疑問詞です．
"Dove è il museo?"［ドーヴェ　エ　イル　ムゼーオ］「美術館はどこですか」
"Dove è la cassa?"［ドーヴェ　エ　ラ　カッサ］「レジはどこですか」

いくらですか
Quanto costa?
クワント　　　　　コスタ

値段をたずねる表現です．答えは "Costa ... euro."［コスタ（数）エウロ］
「〜ユーロです」となります．数字は P112 を参照してください．
Un caffè costa un euro e venti centesimi.［ウン　カッフェ　コスタ　ウネウロ　エ　ヴェンティ　チェンテージミ］「コーヒー1杯は，1ユーロ20セントです」

10　dieci
　　ディエーチ

私の名前は〜です

Mi chiamo ...
ミ　　キアーモ

"Mi chiamo Taeko Hashimoto."［ミ　キアーモ　タエコ　ハシモト］「私の名前は橋本多恵子です」
相手の名前をたずねるときは，"Come si chiama?"［コーメ　シ　キアーマ］「何というお名前ですか？」となります．

英語を話せますか

Parla inglese?
パルラ　　イングレーゼ

「ああやっぱり英語が通じればなぁ」と思ったら，こう言ってみましょう（でも，あまり期待しないでくださいね）．日本語なら，"Parla giapponese?"［パルラ　ジャッポネーゼ］「日本語を話せますか」となります．

undici
ウンディチ

11

イタリア語とは？

　イタリア語は人口約6000万人のイタリア共和国，および，イタリア半島に内包されたヴァティカーノ（ヴァティカン）市国，サン・マリーノ共和国で用いられているほか，スイス（おもに南部のティチーノ州）でもドイツ語・フランス語に並ぶ公用語として話されています．また，南北アメリカ大陸やオーストラリアなどに渡った移民たちの間でも話されつづけています．

　イタリア語は，フランス語やスペイン語と同様，ラテン語から派生した言語のうちのひとつですから，フランス語やスペイン語とはいわば姉妹のような関係にあります．これから学ぼうとしているイタリア語（標準イタリア語）は，ダンテ，ペトラルカ，ボッカッチョといった文人の用いた13世紀以降のフィレンツェ方言をベースとして徐々に形成されていったものです．とはいえ，現在のようにほぼイタリア全土で標準イタリア語が通用するようになったのはそう遠い昔のことではありません．イタリアが統一国家となったのは1861年のことですが（日本の明治維新とさほど変わらぬ時期ですね），それまでフィレンツェ共和国やヴェネツィア共和国などの都市国家に分かれていたイタリアでは，文盲率の高さも原因となって，各地の方言がコミュニケーションの主要な道具とされていました．それが，国家統一以後，政府主導の学校教育，産業の発展や戦争による大量の人口移動，マスメディアの発展によって標準イタリア語が全国に普及していくことになります．

　イタリア人は「カンパニリズモ」と称される強烈な郷土愛をもっていることがよくいわれます．実際，今日でも「僕はイタリア人というよりヴェネツィア人なんだよ」と真顔で語る人に出会うのは珍しいことではありません．言語的にも日常生活では標準イタリア語ではなく各地の方言を用いることが少なくないようです．しかし，文学やマスメディアでは，ほとんどの場合（ナポリ民謡などで方

言を耳にすることがあるにせよ）標準語が用いられています．その意味で多くのイタリア人は標準語と方言を場面によって使い分けているといえます．方言と標準語の違いは，「家」という単語casaを［カーサ］（標準語）と発音するか［カーザ］と発音するかという小さな差異から，語彙そのものが異なっている場合までありますが，標準語をマスターした上でその土地その土地の表現を覚えていくのも楽しいものです．

　日本人にとってイタリア語の発音は簡単なほうだといえるでしょう．ローマ字は，もともと古代ローマの人々が用いていたアルファベットという意味ですが，その末裔にあたるイタリア人が話しているイタリア語もローマ字で表記されます．したがって，いわゆる日本語の「ローマ字つづり」のように発音すればおおむね正しい発音になります．ただし，母音は日本語と同じようにア・イ・ウ・エ・オの5つの母音から成り立っていますが，子音についてはローマ字式とは異なったものもあるので気をつけなければなりません．なかでもカ行やガ行の音が，それぞれ「ca, chi, cu, che, co」「ga, ghi, gu, ghe, go」となること，また，チャ行やジャ行の音が，それぞれ「cia, ci, ciu, ce, cio」「gia, gi, giu, ge, gio」となることに留意してください．さらにgli［リィ］，gna［ニャ］といった音にも注意が必要です．いずれにせよ子音で終わる単語がほとんどないことから，カタカナで表記されたルビを手引きとして覚えてもある程度正確な発音をすることができます（もちろん，それだけでは不十分ですから音声教材を活用して耳と口の訓練をしてください）．［発音の解説はP101を参照］

　一方，イタリア語の文法は初学者にとって辛いものかもしれません．日本人がイタリア語の文法を難しいと感じるとすれば，それは私たちにとって馴染みのない文法事項，すなわち次の2つのポイントに集約できるでしょう．第1に名詞，形容詞，冠詞に**性・数による変化**があること．イタリア語では，自然の性があるもの（父親，母親など）に限らず，すべての名詞が男性名詞か女性名詞かのどちらかに分けられています．また，それぞれ単数と複数では語尾の形が異なります（英語やフランス語などのように単数形にsをつけるのではありませ

ん)．さらに，名詞の性・数に形容詞や冠詞（そして場合によっては過去分詞）が一致して変化します．最初は面倒に思われるかもしれませんが，これはイタリア語のリズムを作り出す大きな要素のひとつですから，慣れてくれば，むしろ一致させないと気持ち悪く感じられるようになるでしょう．第2に動詞が主語人称によって異なった形をとること（**動詞の活用**）．イタリア語では（英語やフランス語とは異なって）「私が」「君が」といった主語をいちいち言わないのが普通です．ある意味では日本語と似ていますが，イタリア語では動詞の語尾の形から主語を明確に判断することができるようになっています．つねに動詞の形と主語を連動させて覚えるように努めてください．

　残念ながら，これらの障害を乗り越えるための王道はありません．繰り返し反復することでしか克服できないものです．とはいえ，最初からすべてを完璧になんて意気込みすぎず，まずは大まかな骨組みを把握することを心がけてください．上述の2つのポイントを意識しながら，イタリア語文法の基本的なメカニズムをつかみとりましょう．

II ダイアローグで学んでみよう

私は京都出身です

Sono di Kyoto.

Francesca	**Le presento una mia amica.**	レ プレゼント ウーナ ミーア アミーカ
Miyuki	**Piacere. Mi chiamo Miyuki.**	ピアチェーレ ミ キアーモ ミユキ
Sig. Pelli	**Lei è giapponese?**	レーイ エ ジャッポネーゼ
Miyuki	**Sì, sono giapponese. Sono di Kyoto.**	シ ソーノ ジャッポネーゼ ソーノ ディ キョート

フランチェスカ　私の友人を紹介します．
　　　美由紀　はじめまして．私は美由紀です．
　　ペッリ氏　日本人ですか．
　　　美由紀　はい，日本人です．京都の出身です．

sedici
セーディチ

| **Le presento**
レ プレゼント | あなたに紹介します |

動詞 presentare は,「紹介する」という意味です (Le =「あなたに」).
親しい人に紹介するときには, "Ti presento ..." となります (Ti =「君に」).

　　Ti presento mio fratello.　　僕の弟を紹介するよ.
　　ティ プレゼント ミーオ フラテッロ

| **una mia amica**
ウーナ ミーア アミーカ | 私の友人（女友達） |

男性なら un mio amico ［ウン ミーオ アミーコ］となります.

| **piacere**
ピアチェーレ | はじめまして |

覚えるフレーズ（P3）を参照してください.

| **Mi chiamo**
ミ キアーモ | 私の名前は〜です |

覚えるフレーズ（P11）を参照してください.

| **Lei è giapponese?**
レーイ エ ジャッポネーゼ | 日本人ですか |
| **Sì, sono giapponese.**
シ ソーノ ジャッポネーゼ | はい，日本人です |

è は, 英語の be 動詞にあたる essere を, 敬称の「あなた」にあわせて活用したものです. 主語が,「君（敬称でない親しい相手）」なら sei,「私」なら sono となります.

| **Sono di Kyoto.**
ソーノ ディ キョート | 京都の出身です |

essere di +場所 で, 出身地（都市名）を言うことができます.

　　Mario è di Milano.　　マリオは，ミラノの出身です.
　　マリーオ エ ディ ミラーノ

diciassette
ディチャッセッテ
17

▶▶▶ 名詞の仕組みを覚えましょう

イタリア語の名詞には男性名詞と女性名詞の区別があります（P105参照）．

単数形

多くの場合，男性名詞の語尾は -o，女性名詞の語尾は -a となります．

男性名詞　tavolo [ターヴォロ] 机
女性名詞　forchetta [フォルケッタ] フォーク

男性名詞・女性名詞ともに語尾は -e となるものもあります．
したがって語尾を見ただけでは男性・女性の区別がわからないので，辞書などで確認しなければなりません．

男性名詞　piede [ピエーデ] 足
女性名詞　nave [ナーヴェ] 船

複数形

男性名詞　単数 -o ➡ 複数 -i

　　tavoli [ターヴォリ] 机

女性名詞　単数 -a ➡ 複数 -e

　　forchette [フォルケッテ] フォーク

単数 -e ➡ 複数 -i（男性・女性ともに同変化）

男性名詞　piedi [ピエーディ] 足
女性名詞　navi [ナーヴィ] 船

▶▶▶ 疑問文と否定文の作り方を覚えましょう

イタリア語では肯定文の文末を上げるようにして発音すると疑問文になります．また，動詞の前に non を置くと否定文になります．

Sono italiano. ソーノ　イタリアーノ	私はイタリア人です．
Sei americano? セーイ　アメリカーノ	君はアメリカ人なの？
Sì, sono americano. シ　ソーノ　アメリカーノ	はい，私はアメリカ人です．
No, non sono americano. ノ　ノン　ソーノ　アメリカーノ	いいえ，私はアメリカ人ではありません．
Mario non è francese. マーリオ　ノネ　フランチェーゼ	マリオはフランス人ではありません．

diciotto
ディチョット

▶▶▶ 動詞 essere の活用を覚えましょう

動詞 essere は，英語の be 動詞にあたり，「～です」という表現をするための，とても大切な動詞です．

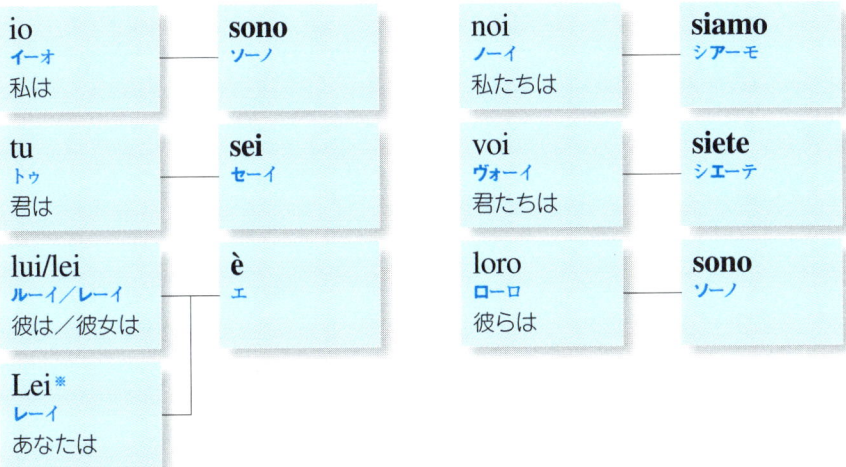

※敬称の「あなた」は「彼女」を表す lei と同じですが通常大文字の L を用いて書きます．
　動詞の活用も「彼女」と同じ3人称単数形となります．

Sono studente. ソーノ　ストゥデンテ	私は学生です．
Sei felice? セーイ　フェリーチェ	君は幸せかい．
Questa cravatta **è** bella. クエスタ　クラヴァッタ　エ　ベッラ	このネクタイはきれいです．
Siamo molto stanchi*. シアーモ　モルト　スタンキ	私たちは，とても疲れています．
Siete turisti? シエーテ　トゥリスティ	あなたたちは旅行者ですか．
Gli italiani **sono** simpatici*. リィ　イタリアーニ　ソーノ　シンパーティチ	イタリア人は気さくです．

※ P101 参照

diciannove
ディチャンノーヴェ

ローマには泉がたくさんあります

Ci sono tante fontane a Roma.

Miyuki　**C'è tanta gente!**
　　　　　チェ　タンタ　ジェンテ

Francesca　**È vero. Questa è la fontana di Trevi.**
　　　　　　エ ヴェーロ　クエスタ　エ ラ　フォンターナ　ディ トレーヴィ

Miyuki　**Bellissima!**
　　　　　ベッリッシマ

Francesca　**Ci sono tante fontane a Roma.**
　　　　　　チ　ソーノ　タンテ　フォンターネ ア　ローマ

　　美由紀　　　人が大勢いるわね.
　フランチェスカ　本当ね. これが「トレヴィの泉」です.
　　美由紀　　　とてもきれいね.
　フランチェスカ　ローマには泉がたくさんあるのよ.

venti
ヴェンティ

C'è tanta gente!	大勢の人がいます
チェ タンタ ジェンテ	

gente という名詞は，単数形で「人々」という意味になるので気をつけてください．

È vero.	本当です
エ ヴェーロ	

「そうね」という相づち程度の軽い表現です．

何かを話した後に，non è vero?［ノネ ヴェーロ］という否定疑問文を続けると「〜ですよね」という同意を求める表現になります（英語の付加疑問文にあたります）．

Ci sono tante chiese in Italia, non è vero?
チ ソーノ タンテ キエーゼ イニターリア ノネ ヴェーロ

イタリアには教会がたくさんありますよね．

questa	これ < questo
クエスタ	

性・数の変化に気をつけましょう．

Questi fiori sono bianchi.　これらの花は白いです．
クエスティ フィオーリ ソーノ ビアンキ

Bellissima!	とてもきれいです < bello
ベッリッシマ	

「きれい」という意味の形容詞 bello を強調した形（絶対最上級）です．

buono ▶ buonissimo　おいしい，よい
ブオーノ ブオニッシモ

bene ▶ benissimo　うまく，上手に（副詞）
ベーネ ベニッシモ

a Roma	ローマには
ア ローマ	

前置詞 a は場所を示す「〜に」という意味で，都市を示すときに用います．国（州，島）のときには in を用いなければなりません．（→前置詞 P118 参照）

ダイアローグで学んでみよう

ventuno
ヴェントゥーノ

▶▶▶ 形容詞の使い方を覚えましょう

形容詞には vecchio [ヴェッキオ]「年老いた」のように語尾が -o で終わるものと，giovane [ジョーヴァネ]「若い」のように語尾が -e で終わるものがあります．前者は人や物の**性・数**にあわせて語尾変化し，後者は人や物の**数**にあわせて語尾変化し，男性・女性の区別はありません（P108 参照）．

un uomo vecchi**o** ウヌオーモ　ヴェッキオ	（1人の）年老いた男性
una donna vecchi**a** ウーナ　ドンナ　ヴェッキア	（1人の）年老いた女性
un ragazzo giovan**e** ウン　ラガッツォ　ジョーヴァネ	（1人の）若い青年
una ragazza giovan**e** ウーナ　ラガッツァ　ジョーヴァネ	（1人の）若い少女

▶▶▶ 「～がある」という表現を覚えましょう

c'è ...	（単数のもの）がある．
ci sono ...	（複数のもの）がある．

英語の *there is, there are* の構文と同じで，主語が単数なら c'è ...，主語が複数なら ci sono ... と，動詞の形が変化します（"c'è" の "c'" は，"ci sono" の "ci" と同じで，場所を表わす副詞です＝*there*）．

C'è un gatto sotto il tavolo. チェ　ウン　ガット　ソット　イル　ターヴォロ	机の下にネコが（1匹）います．
Ci sono due gatti sotto il tavolo. チ　ソーノ　ドゥーエ　ガッティ　ソット　イル　ターヴォロ	机の下にネコが2匹います．

ventidue
ヴェンティドゥーエ

▶▶▶ 「〜がありますか」という表現のバリエーション

ちょっと先回りですが，動詞 avere を用いた「〜がありますか」という表現を覚えましょう．

A：Avete una camera singola?　　　シングル・ルームはありますか．
　　アヴェーテ ウーナ カーメラ シンゴラ

B：Mi dispiace.　　　　　　　　　　あいにくです．
　　ミ ディスピアーチェ

　　Abbiamo solo una camera doppia.　ツイン・ルームしかありません．
　　アッピアーモ ソーロ ウーナ カーメラ ドッピア

動詞 avera は，英語の *have* と同じで「持っている」という意味を表わしますが，例文のようにホテルの部屋や店の商品が「ある（ない）」と言うときには，c'è ... や ci sono ... ではなく，動詞 avere を用いて表現します（P26 参照）．

Avete una camicia sportiva?　　カジュアルなシャツはありますか．
アヴェーテ ウーナ カミーチャ スポルティーヴァ

ローマの泉

ローマには，「トレヴィの泉」をはじめ，ナヴォナ広場の「4大河川の泉」など，有名な泉（噴水）が数多くあります．このようなバロック様式で作られた壮観な泉の他にも，ここかしこに名もない小さな泉があって，昔日のローマ人の生活を助けていました．ちょっと注意してみると，今日の観光客の目にも愛らしい表情をみせてくれるものです．

ventitré
ヴェンティトレ

お腹がすいています

Ho fame.

Miyuki **Sono stanca. E ho fame.**
ソーノ スタンカ エ オ ファーメ

Francesca **Io, invece, ho sete.**
イーオ インヴェーチェ オ セーテ

Miyuki **C'è un bar qui vicino?**
チェ ウン バール クイ ヴィチーノ

Francesca **Eccolo là! Andiamo!**
エッコロ ラ アンディアーモ

美由紀　疲れちゃったわ．それに，お腹がすいたわ．
フランチェスカ　それより，私は喉が渇いたわ．
美由紀　この近くにバールはあるかしら．
フランチェスカ　あそこにあるわ．行きましょう．

※バールはイタリア式カフェテリアのこと．ふつうカウンターバーに立ったままでエスプレッソ・コーヒーやカプッチーノを飲んだり，軽食をとったりします．酒類も提供しますが，あくまでもコーヒーがメインの喫茶店です．

ho fame オ ファーメ	お腹がすきました

ho は「私」を主語に動詞 avere「持っている」を活用させたもの，また，fame は「空腹」という意味の名詞です．すなわち，「空腹を持っている」という表現になっています．

invece インヴェーチェ	それより

先行する文の内容と異なることを言うときに用い，「それに反して」という意味となります．

sete セーテ	喉の渇き

上の fame と同様，Ho sete. という表現は「喉の渇きを持っている」という意味になります．

qui クイ	ここ

英語の *here* と同じです．同じ意味で，qua [クワ] という単語を使う人もいます．

vicino ヴィチーノ	近くに

ここでは副詞ですが，形容詞として使うこともできます．

Eccolo エッコロ	それがある

ecco と lo が結合した形です．普通は ecco の後に名詞を続けて，「ここに〜があります」と人に何かを指し示す場合に用います．
lo は，un bar を表わす代名詞です．

 Ecco il passaporto. ここにパスポートがあります．
 エッコ イル パッサポルト （パスポートを提示するときの表現）

là ラ	あそこ

英語の *there* と同じです．同じ意味で，lì [リ] という単語を使う人もいます．

venticinque
ヴェンティチンクエ

25

動詞 avere の活用を覚えましょう

動詞 avere は，英語の have 動詞にあたり，「～を持っている」という表現をするための，とても大切な動詞です．

※ P19 でもふれたように，敬称の「あなた」は「彼女」を表わす lei と同じです．

Non **ho** tempo. ノノ　　テンポ	私には時間がありません．
Hai una macchina? アーイ ウーナ　マッキナ	君は車を持っているかい．
Mario **ha** tanti amici. マーリオ　ア　タンティ アミーチ	マリオには友人が大勢います．
Abbiamo due figli. アッピアーモ　ドゥーエ フィッリィ	私たちには，息子が2人います．
Avete qualche problema? アヴェーテ　クワルケ　プロブレーマ	何か問題がありますか．
Hanno molta pazienza. アンノ　　モルタ　　パツィエンツァ	彼らはとても我慢強い． （多くの忍耐を持っている）

▶▶▶ 動詞 avere を用いた慣用表現を覚えましょう

A : Lei **ha** caldo?　　　　　　暑いですか.
　　レーイ ア カルド
B : No, **ho** freddo.　　　　　　いいえ，寒いです.
　　ノ オ フレッド

caldo, freddo は，それぞれ「暑い（熱い）」「寒い（冷たい）」という意味の形容詞ですが，avere caldo, avere freddo という形で，話し手が「暑く［寒く］感じている」という表現になります．客観的な気温の高低の表現ではないので気をつけてください（P58 参照）．

Mario **ha** mal di testa.　　　　マリオは頭痛がします.
マーリオ ア マル ディ テスタ
Ho mal di denti.　　　　　　　私は歯が痛いです.
オ マル ディ デンティ

avere mal di ... という熟語で「〜が痛い」という意味になります．

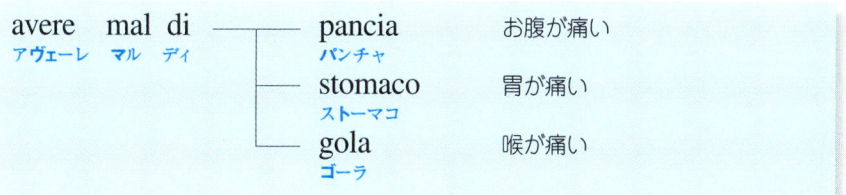

Ho mal di stomaco. Mi dà una medicina?　胃が痛みます．薬をいただけ
オ マル ディ ストーマコ ミ ダ ウーナ メディチーナ　　ませんか．

ventisette
ヴェンティセッテ

カプッチーノをお願いします．

Un cappuccino, per favore.

Cameriere **Buon giorno.**
　　　　　　　ブオン　ジョルノ

Francesca **Un cappuccino, per favore.**
　　　　　　ウン　カップッチーノ　ペル　ファヴォーレ

Miyuki **Per me un'aranciata e un panino, per favore.**
　　　　　ペル　メ　ウナランチャータ　エ　ウン　パニーノ　ペル
　　　　　ファヴォーレ

Cameriere **D'accordo!**
　　　　　　ダッコルド

　　　　ボーイ　こんにちは．
　　フランチェスカ　カプッチーノをお願いします．
　　　　　美由紀　私にはオレンジジュースとパニーノをお願いします．
　　　　ボーイ　わかりました．
※パニーノ（イタリア式サンドウィッチ）には生ハムやチーズをはさんだものなどいろいろな種類があります．

ventotto
ヴェントット

| **Un cappuccino** ウン カップッチーノ | カプチーノ（1杯） |

カプチーノ（スチームで泡立てたミルクとエスプレッソコーヒーを使ったカフェオレ）は男性名詞です．したがって「1杯の」を示す不定冠詞（英語の *a* にあたります）は un となります．

| **per me** ペル メ | 私には |

前置詞 per は「〜のために」という意味です．me は「私」を表わす代名詞です．このように前置詞の後につづいて人を表わす場合，「私」は me,「君」は te となりますが，それ以外は主語で使うのと同じ形を用います．per Lei「あなたのために（敬称）」, per Mario「マリオのために」．

| **un'aranciata** ウナランチャータ | オレンジジュース（1杯） |

上述のカプチーノが男性名詞だったのに対して，オレンジジュースは女性名詞です（このように単語それぞれについて性が決められています）．女性名詞につける不定冠詞は una ですが，ここでは母音で始まる女性名詞 aranciata が続くため短縮形になっています（P106 参照）．

| **e** エ | そして |

英語の and にあたる接続詞です．essere の 3 人称単数形は，アクセントがついた形になっているので混合しないように注意してください．
 e そして
 è 〜です（◀ essere）

| **D'accordo!** ダッコルド | わかりました |

「了解した，同意した」という意味の熟語です．よく用いられる表現ですから覚えておいてください．

ventinove
ヴェンティノーヴェ

▶▶▶ 冠詞を覚えましょう

イタリア語の名詞は，男性名詞と女性名詞のどちらかに分けられます．それにあわせて冠詞も変化するので気をつけなければなりません．

不定冠詞▶「1つの～」（英語の *a* にあたります）

男性名詞	女性名詞
un coltello ウン コルテッロ 1本のナイフ	**una** tazza ウーナ タッツァ 1脚のカップ

※名詞によっては少し異なった変化をする場合がありますが，くわしくは P106 を参照してください．

定冠詞▶「その～，例の～」（英語の *the* にあたります）

男性名詞	女性名詞
il coltello イル コルテッロ そのナイフ（単数）	**la** tazza ラ タッツァ そのカップ（単数）
i coltelli イ コルテッリ そのナイフ（複数）	**le** tazze レ タッツェ そのカップ（複数）

※名詞によっては少し異なった変化をする場合がありますが，くわしくは P107 を参照してください．

30 **trenta**
トレンタ

▶▶▶ 1〜10の数字を覚えましょう

1	**uno**※ ウーノ	6	**sei** セーイ
2	**due** ドゥーエ	7	**sette** セッテ
3	**tre** トレ	8	**otto** オット
4	**quattro** クワットロ	9	**nove** ノーヴェ
5	**cinque** チンクエ	10	**dieci** ディエーチ

※不定冠詞として用いる場合は形が変わります（前ページおよびP106参照）.

絵葉書を3枚ください

「〜をください」という表現は実際に役立つ便利なコトバのひとつですね．本書の文法項目には含まれていない命令法を用いた表現になりますが，とっても簡単ですからまるごと覚えてしまいましょう！イタリアに行ったら，あなたもすぐに使うことになりますよ．

Mi dia 数 + 名詞 , per favore.
ミ ディーア　　　　ペル ファヴォーレ
私にください （〜を） お願いです．

Mi dia tre cartoline, per favore. 絵葉書を3枚ください．
ミ ディーア トレ カルトリーネ ペル ファヴォーレ

trentuno
トレントゥーノ
31

Dialogo 5

これがあなたの部屋ですか

Questa è la tua camera?

Francesca: **Ecco la mia casa.**
エッコ ラ ミーア カーサ

Miyuki: **Questa è la tua camera?**
クエスタ エ ラ トゥーア カーメラ

Francesca: **No, è di mio fratello.**
ノ エ ディ ミーオ フラテッロ

La mia è al primo piano.
ラ ミーア エ アル プリーモ ピアーノ

フランチェスカ　さあ，私の家よ．
美由紀　これがあなたの部屋なの？
フランチェスカ　いいえ，私の弟のよ．
　　　　私の（部屋）は２階です．

trentadue
トレンタドゥーエ

| **la mia casa**
ラ ミーア カーサ | 私の家 |

「私の」を意味する mio が女性名詞の casa「家」についているため mia という女性形になっています．同じように定冠詞も la となっています．英語では *my house*（*the my house* とはなりませんね）となりますが，イタリア語では英語と異なり，基本的に定冠詞もつけなければなりません．とても重要なポイントですのでよく覚えておいてください．

| **la tua camera**
ラ トゥーア カーメラ | 君の部屋 |

camera は「部屋」という意味です．「カメラ（写真機）」ではないので気をつけてください．「カメラ」は macchina fotografica [マッキナ フォトグラーフィカ] といいますが，下の例文のように macchina だけで用いると普通は「車」という意味になります．ちょっとややこしいですね．

| **è di mio fratello**
エ ディ ミーオ フラテッロ | 私の弟のです |

di は「〜の」という意味の前置詞です．「私の弟」を意味する mio fratello に上述の di「〜の」がつけられています．
「誰のですか」とたずねる場合は，「誰」という意味の疑問詞 chi の前に di をつけることになります．

Di chi è questa macchina?　　　　È di Mario.
ディ キ エ クエスタ マッキナ　　　　エ ディ マーリオ
この車は誰のですか．　　　　　　　マリオのです．

★ mio fratello には定冠詞 il がついていません．家族を表わす名詞の単数形には定冠詞がつかないからです（P110 参照）．

| **al primo piano**
アル プリーモ ピアーノ | 2階に |

「1階」なら al pianterreno [アル ピアンテッレーノ] となります．primo は「第1の」という意味で，イタリアでは日本でいう2階から「第1の」「第2の」secondo [セコンド] と数えはじめます（P113 参照）．

trentatré
トレンタトレ

▶▶▶ 「私の〜」という表現を覚えましょう

「私の」という意味の所有形容詞 mio は，名詞の性・数にあわせて語尾が変化します。

	私の本（男）	私の雑誌（女）
単数	il **mio** libro イル ミーオ リーブロ	la **mia** rivista ラ ミーア リヴィスタ
複数	i **miei** libri イ ミエーイ リーブリ	le **mie** riviste レ ミーエ リヴィステ

※その他の人称については P109 を見てください．

イタリア語では英語と異なり「〜の」という形容詞がついても定冠詞を必要としますが，家族を表わす名詞を単数形で用いる場合のみ定冠詞をつけません．

I **miei** genitori sono giovani. イ ミエーイ ジェニトーリ ソーノ ジョーヴァニ	私の両親は若いです．
Mio padre è alto. ミーオ パードレ エ アルト	私の父は背が高いです．
Mia madre è bassa. ミーア マードレ エ バッサ	私の母は背が低いです．
Mio fratello studia la fisica. ミーオ フラテッロ ストゥーディア ラ フィージカ	私の兄は物理を勉強しています．

▶▶▶ 様々な疑問文【1】

「色」をたずねる疑問文　DI CHE COLORE ...

A : **Di che colore** è la tua macchina?　君の車は何色なの.
ディ　ケ　コローレ　エ　ラ　トゥーア　マッキナ

B : È rossa.　赤だよ.
エ ロッサ

A : **Di che colore** sono i Suoi quaderni?　あなたのノートは何色ですか.
ディ　ケ　コローレ　ソーノ　イ　スオーイ　クワデルニ

B : Sono gialli.　黄色です.
ソーノ　ジャッリ

※色を表わす形容詞

rosso 赤	bianco 白	nero 黒
ロッソ	ビアンコ	ネーロ
giallo 黄色	azzurro 青	verde 緑色
ジャッロ	アッズッロ	ヴェルデ

「国籍」をたずねる疑問文　DI CHE NAZIONALITÀ ...

A : **Di che nazionalità** è Lei?　あなたはどこの国の人ですか.
ディ　ケ　ナツィオナリタ　エ レーイ

B : Sono italiano.　イタリア人です.
ソーノ　イタリアーノ

A : **Di che nazionalità** sei tu?　君はどこの国の人なの.
ディ　ケ　ナツィオナリタ　セーイトゥ

B : Sono giapponese.　日本人です.
ソーノ　ジャッポネーゼ

※国名についてはP115を参照してください.

「所有」をたずねる疑問文　DI CHI È ...　誰のですか
※P33を参照してください.

trentacinque
トレンタチンクエ
35

Dialogo 6

これは何ですか

Che cosa è questo?

Francesca **Che cosa è questo?**
ケ　コーザ　エ　クエスト

Miyuki **Questo è il mio nuovo smartphone.**
クエスト　エ　イル　ミーオ　ヌオーヴォ　スマートフォン

Francesca **È molto bello! E che cosa è quello?**
エ　モルト　ベッロ　エ　ケ　コーザ　エ　クエッロ

Miyuki **Quella è una cuffia.**
クエッラ　エ　ウーナ　クッフィア

フランチェスカ　これは何ですか.
美由紀　私の新しいスマートフォンです.
フランチェスカ　とても素敵ね. あれは何ですか.
美由紀　あれはヘッドフォンです.

Che cosa è questo?	これは何ですか
ケ　コーザ　エ　クエスト	

英語の *what* にあたるのが che cosa，また *this* にあたるのが questo という言葉です．したがって，*What is this?* と同じ構文になっていることがわかりますね．

È molto bello!	小さいですね
エ　モルト　ベッロ	

主語となるスマートフォン（英語からの借用語で，「ズマルトフォン」と発音することもあります）が男性名詞のため，形容詞 bello の語尾が -o になっています．女性名詞なら語尾は -a となります．

　　Questa cuffia è molto piccola e leggera.
　　クエスタ　クッフィア　エ　モルト　　ピッコラ　エ　レッジェーラ
　　このヘッドフォンはとても小さくて軽いです．

quello	あれ
クエッロ	

英語の *that* にあたり，自分から遠いところにあるものを示す代名詞です．

Quella è una cuffia	あれはヘッドフォンです
クエッラ　エ　ウーナ　クッフィア	

quello の語尾が -a となっていることに気をつけてください．これは una cuffia「ヘッドフォン」が女性名詞のためです．このように指示代名詞（questo, quello）は，対応する名詞の性・数に一致させなければなりません．

▶▶▶「これ」と「あれ」

指示代名詞は形容詞と同じように，名詞の性・数にしたがって語尾変化します．

QUESTO これ

Questo è un mio amico. クエスト エウン ミーオ アミーコ	この人は私の友人（男性）です．
Questi sono miei amici. クエスティ ソーノ ミエーイ アミーチ	この人たちは私の友人（男性）です．
Questa è una mia amica. クエスタ エウーナ ミーア アミーカ	この人は私の友人（女性）です．
Queste sono mie amiche. クエステ ソーノ ミーエ アミーケ	この人たちは私の友人（女性）です．

QUELLO あれ

Quello è il mio professore. クエッロ エイル ミーオ プロフェッソーレ	あの人は私の先生（男性）です．
Quelli sono i miei professori. クエッリ ソーノ イ ミエーイ プロフェッソーリ	あの人たちは私の先生（男性）です．
Quella è la mia professoressa. クエッラ エラ ミーア プロッフェッソレッサ	あの人は私の先生（女性）です．
Quelle sono le mie professoresse. クエッレ ソーノ レ ミーエ プロフェッソレッセ	あの人たちは私の先生（女性）です．

※ quello を指示形容詞「あの〜」として使う場合，語尾が定冠詞に準じた変化をします．とくに男性名詞を修飾する場合に気をつけなければなりません．

quel libro クエロ リーブロ	あの本	quei libri クエイ リーブリ	あれらの本
quello studente クエッロ ストゥデンテ	あの学生	quegli studenti クエッリィ ストゥデンティ	あれらの学生

trentotto
トレントット

▶▶▶ 様々な疑問文【2】

CHE COSA ...　何ですか

Che cosa è questo? ケ　コーザ　エ　クエスト	これは何ですか.
Che cosa sono questi? ケ　コーザ　ソーノ　クエスティ	これらは何ですか.

COME SI DICE ...　何と言いますか
SI DICE ...　〜と言います

A：Come **si dice**　(in italiano)? コーメ　シ　ディーチェ　（イニタリアーノ）	（イタリア語では）何と言うのですか.
B：**Si dice** "una　borsa". シ　ディーチェ　ウーナ　ボルサ	「ボルサ（カバン）」と言います.

COME SI CHIAMA ...　何と言いますか
SI CHIAMA ...　〜と言います

A：Come **si chiama** quel* ristorante? コーメ　シ　キアーマ　クエル　リストランテ	そのレストランは何と言う名前ですか.
B：**Si chiama** "Il　Paradiso". シ　キアーマ　イル　パラディーゾ	「イル　パラディーゾ」と言う名前です.

※ quel ＝ quello

Dialogo 7

手紙を書きます

Scrivo una lettera.

Miyuki **Prima di dormire scrivo una lettera.**
プリーマ ディ ドルミーレ スクリーヴォ ウーナ レッテラ

Francesca **Ai tuoi※ genitori?**
アイ トゥオーイ ジェニトーリ

Miyuki **Sì. E dopo parliamo insieme.**
シ エ ドーポ パルリアーモ インシエーメ

Francesca **Mi racconti della tua vita in Giappone?**
ミ ラッコンティ デッラ トゥーア ヴィータ イン ジャッポーネ

美由紀　寝る前に手紙を書くわ.
フランチェスカ　ご両親に？
美由紀　そう．その後でいっしょに話をしましょう．
フランチェスカ　日本での生活について話してくれる？

※ tuoi　P109 参照

40　quaranta
クワランタ

Prima di dormire プリーマ ディ ドルミーレ	寝る前に

prima di ... で「～の前に」という意味になります．ここでは dormire 「寝る」という動詞が続いています．

scrivo una lettera スクリーヴォ ウーナ レッテラ	（1通の）手紙を書きます

動詞 scrivere［スクリーヴェレ］「書く」を「私」（1人称単数）を主語にして活用させています．このようにイタリア語は主語を明記しないことが多く，動詞の活用によって示すことになるので，活用をよく覚えておかなければなりません．

dopo ドーポ	後で

この例文のように単独で副詞として用いられるほか，前置詞として dopo cena［ドーポ チェーナ］「夕食後に」のような表現にも用いられます．

parliamo パルリアーモ	話をしましょう

動詞 parlare［パルラーレ］「話す」の命令法ですが「私たちは話す」という普通の肯定文（直説法）とまったく同じ形になっています．これは英語の *Let's* ～にあたる表現で，いっしょに何かをするよう誘うときに用いられます（P43 参照）．

Mi racconti ミ ラッコンティ	（君は）私に語りますか

動詞 raccontare［ラッコンターレ］「語る」を「君」（2人称単数）を主語にして活用させています．Mi は「私に」という意味です．敬称で言いたければ，Mi racconta ...?［ミ ラッコンタ］「私に語っていただけますか」となります．

della tua vita デッラ トゥーア ヴィータ	君の生活について

前置詞 di に la tua vita「君の生活」が続いた形です．ここでは di が「～について」という意味で用いられています（P119 参照）．

quarantuno
クワラントゥーノ

▶▶▶ 規則動詞の活用を覚えましょう

イタリア語では動詞の活用がとても大切です．実際の会話の中では，いちいち主語（io, tu, lui...）を言わないことのほうが普通です．したがって，動詞の形（とりわけ語尾の部分）によって主語を判断しなければなりません．

	ARE動詞	ERE動詞	IRE動詞
原形	cantare カンターレ 歌う	credere クレーデレ 信じる	sentire センティーレ 感じる
io 私が	canto カント	credo クレード	sento セント
tu 君が	canti カンティ	credi クレーディ	senti センティ
lui/lei/Lei 彼/彼女/あなたが （敬称）	canta カンタ	crede クレーデ	sente センテ

※複数人称についてはP120を参照してください．

※IRE動詞には別の活用形をとるものがありますが，それについてはP122を参照してください．

※不規則動詞は活用表を参照して（P124）それぞれ覚えなければなりません．

▶▶▶ 動詞parlare［パルラーレ］「話す」を使ってみましょう

A: **Parla** italiano?　　　　　　（あなたは）イタリア語を話しますか．
　　パルラ　イタリアーノ

B: Sì, **parlo** un po'.　　　　　はい．（私は）少し話します．
　　シ　パルロ　ウン　ポ

A: **Parli** francese?　　　　　　（君は）フランス語を話しますか．
　　パルリ　フランチェーゼ

B: No, non **parlo** francese.　　いいえ．フランス語は話しません．
　　ノ　ノン　パルロ　フランチェーゼ

42　quarantadue
　　クワランタドゥーエ

▶▶▶ 「~しましょう」という表現を覚えましょう

「~しましょう」と人を誘う場合,「私たち」を主語にして動詞を1人称複数で活用するだけです.これは,ほとんどの動詞では語尾を **-iamo** にするだけですからとても簡単ですね.

Balliamo insieme!
バッリアーモ インシエーメ
　　　　　　　　　　いっしょに踊りましょう.(◀ ballare [バッラーレ] 踊る)

And**iamo** alla Galleria degli Uffizi!
アンディアーモ アッラ ガッレリーア デッリィ ウッフィッツィ
　　　　　　　　　　ウフィッツィ美術館に行きましょう.(◀ andare [アンダーレ] 行く)

Ved**iamo** l'ultimo film di Nanni Moretti!
ヴェディアーモ ルルティモ フィルム ディ ナンニ モレッティ
　　　　　　　　　　ナンニ・モレッティ(映画監督)の最新の映画を見ましょう.
　　　　　　　　　　(◀ vedere [ヴェデーレ] 見る)

ダイアローグで学んでみよう

イタリアの映画館

音楽,美術とならんでイタリアの娯楽・文化で忘れてはならないものに映画があります.デ・シーカ,ヴィスコンティ,ロッセリーニ,アントニオーニ,フェリーニといった巨匠たちは映画史の教科書そのものだといえるでしょう.他にもタヴァーニ兄弟,ベルトリッチ,トルナトーレなどの素晴らしい作品をご覧になっていただきたいものです.さて,イタリアの映画館に足を運ぶと不思議な習慣に驚かされます.ほとんどの映画は(新作のハリウッド映画でさえ)前編と後編に分けて上映されるのです.間には短い休憩が入って,まるで演劇やオペラのときのように,映画ファンが感想や批判を語り合う様子はなかなか印象的な,そしてイタリア的な光景です.

quarantatré
クワランタトレ

Dialogo 8

お子さんは何人いらっしゃいますか

Quanti figli ha ?

Miyuki **Quanti figli ha, Signor Pelli?**
クワンティ フィッリィ ア シニョール ペッリ

Sig. Pelli **Ho due figli, un figlio e una figlia.**
オ ドゥーエ フィッリィ ウン フィッリィオ エ ウーナ フィッリィア

Miyuki **Quanti anni ha Suo figlio?**
クワンティ アンニ ア スーオ フィッリィオ

Sig. Pelli **Ha diciannove anni.**
ア ディチャンノーヴェ アンニ

E mia figlia ha quindici anni.
エ ミーア フィッリィア ア クインディチ アンニ

美由紀　ペッリさん．お子さんは何人いますか．
ペッリ氏　2人です．息子と娘がいます．
美由紀　息子さんは何歳ですか．
ペッリ氏　19歳です．そして娘は15歳です．

| **Quanti figli ha?**
 クワンティ フィッリィ ア | お子さんは何人いらっしゃいますか |

Quanti は英語の *How many* にあたります．「何人の子供を持っていますか」という文になっています．

| **Signor Pelli**
 シニョール ペッリ | ペッリさん |

Signor は男性に対して「～さん」と呼びかけるときに用います（英語の *Mr.* にあたります）．女性には Signora [シニョーラ]，未婚の女性には Signorina [シニョリーナ] を用います．それぞれ短縮形は Sig.ra, Sig.na となります．

| **Ho due figli.**
 オ ドゥーエ フィッリィ | 2人の子供を持っています |

「息子」を表わす figlio と「娘」を表わす figlia の複数形は，それぞれ figli と figlie ですが，両方をあわせて figli という形になっています．

| **Quanti anni ha?**
 クワンティ アンニ ア | 何歳ですか |

英語では *How old are you?* と *be* 動詞を用いる表現ですが，イタリア語では「いくつの歳を持っているか」という avere（英語の *have*）を用いた表現になります．この文の主語は Suo figlio「あなたの息子」です．

| **Ha quindici anni.**
 ア クインディチ アンニ | 15歳です |

上の疑問文に答えて年齢を言う表現です．自分の年齢を言う場合には，

 Ho (venti) anni.   私は (20) 歳です．
 オ ヴェンティ アンニ

となりますね（かっこには適切な数を入れてください）．でも日本人ほど年齢を気にしないのがイタリア流なのですけれど…

quarantacinque
クワランタチンクエ

▶▶▶ ボキャブラリーを増やしましょう

MOLTO, TANTO　多くの

Ci sono **molti** fiori　nel giardino.
チ ソーノ モルティ フィオーリ ネル ジャルディーノ
庭に花がたくさんあります．

C'è **tanta** gente* in piazza.
チェ タンタ ジェンテ イン ピアッツァ
広場には大勢の人がいます．

※ gente「人々」は，意味上は複数ですが文法的にはつねに単数形で用いられます．

POCO　少しの

poco は，non を用いない肯定文であっても否定的な（「少ししかない」）意味を表現しています．

Abbiamo **poco** tempo.
アッビアーモ ポーコ テンポ
私たちには時間があまりありません．

Ci sono **poche** persone nell'aula.
チ ソーノ ポーケ ペルソーネ ネッラーウラ
教室には人があまりいません．

ALCUNO　いくつかの

alcuno は，英語の *some* にあたる単語ですが，名詞の複数形とともに用いて，「いくつかの（数）」という意味を表わします．

Ho **alcune** domande.
オ アルクーネ ドマンデ
いくつか質問があります．

Alcuni impiegati sono italiani.
アルクーニ インピエガーティ ソーノ イタリアーニ
社員の何人かはイタリア人です．

quarantasei
クワランタセーイ

QUALCHE　いくつかの

qualche は alcuno と同様，英語の *some* にあたる単語です．名詞の単数形とともに用いて「いくつかの（数）」という意味となり，複数の事物を示します．

Ho qualche domanda.　　　　　いくつか質問があります．
オ　クワルケ　ドマンダ

▷▷▷ 様々な疑問文【3】
数量をたずねる表現　QUANTO ...

quanto の後に名詞を置くことで「いくつの〜，どのくらいの量の〜」という表現になります．

数えられる名詞の場合，複数形を用いて「数」を聞きます．
　quanti ＋ 男性名詞複数形，quante ＋ 女性名詞複数形　（＝ *How many*）

数えられない名詞の場合，単数形を用いて「量」を聞きます．
　quanto ＋ 男性名詞単数形，quanta ＋ 女性名詞単数形　（＝ *How much*）

Quanti libri compra?　　　　　本を何冊お買いになるのですか．
クワンティ　リーブリ　コンプラ

Quante macchine ha?　　　　　車を何台お持ちですか．
クワンテ　マッキネ　ア

Quanto zucchero vuole?　　　　砂糖はどのくらいいりますか．
クワント　ツッケロ　ヴオーレ

Quanta acqua rimane?　　　　　水はどのくらい残っていますか．
クワンタ　アックワ　リマーネ

Dialogo 9

オペラが好きです

Mi piace l'opera lirica.

Sig. Pelli   **Le piace la musica classica?**
レ　ピアーチェ　ラ　ムージカ　クラッシカ

Miyuki   **Certo! Mi piace soprattutto l'opera lirica.**
チェルト　ミ　ピアーチェ　ソプラットゥット　ローペラ　リーリカ

Sig. Pelli   **Allora andiamo insieme al Teatro dell'Opera.**
アッローラ　アンディアーモ　インシエーメ　アル　テアートロ　デッローペラ

Miyuki   **Volentieri!**
ヴォレンティエーリ

ペッリ氏　クラシック音楽は好きですか．
美由紀　もちろんです．とりわけオペラが好きなんです．
ペッリ氏　それでは，いっしょにオペラ座に行きましょう．
美由紀　よろこんで．

quarantotto
クワラントット

Le piace la musica classica? レ ピアーチェ ラ ムージカ クラッシカ	クラシック音楽は好きですか

事物が主語になる構文（例文ではクラシック音楽）ですから，日本語の主語「私」「君」「あなた」は，mi, ti, Le などの間接目的語で表現することになります．英語の発想とは異なるので要注意！

Certo! チェルト	もちろん

英語の sure にあたります．他にも Senz'altro! [センツァルトロ] といった言い方もあります．"Sì" ばかりでなく，こんな表現も使ってみましょう．

soprattutto ソプラットゥット	とりわけ

anche「〜もまた」(P82) などと同様，強調する言葉の前に置きます．

Allora アッローラ	それでは

英語の then と同じように「それでは」という意味の他に，過去形で用いられると「その時」という意味になります．

andiamo アンディアーモ	行きましょう

動詞 andare「行く」の命令法 1 人称複数ですが，直説法と同じ形です．よく使える表現ですね．この後に前置詞 a を用いてさまざまな場所を指示することができます．a Roma「ローマに」，al ristorante「レストランに」，など（→前置詞 P118 〜 119 参照）．

Volentieri! ヴォレンティエーリ	よろこんで

同様の表現として Con piacere! [コン ピアチェーレ] というのもよく使われます．

▶▶▶「〜が好きだ」という表現を覚えましょう

動詞 piacere は，事物が主語となるため，日本語の主語は間接目的語で表現されています（mi, ti, Le ...）。（P116〜117 参照）

Mi piace ...	私は〜が好きです
Ti piace ...	君は〜が好きです
Le piace ...	あなたは〜が好きです

主語（事物）が複数の場合は，動詞が piacciono となるので気をつけてください．

Mi **piacciono** questi dischi.
ミ　ピアッチョノ　クエスティ　ディスキ
これらのレコードが好きです．

同種の表現として，動詞 interessare を用いた「〜に興味がある」という表現があります．

A : Le **interessa** la storia?
レ　インテレッサ　ラ　ストーリア
歴史に興味がありますか．

B : Sì, mi **interessa** molto.
シ　ミ　インテレッサ　モルト
はい，とても興味があります．

美声のイタリア

イタリアのオペラシーズンは，おおよそ 12 月から 6 月まで．三大歌劇場と呼ばれるミラノのスカラ座，ローマのオペラ座，ナポリのサンカルロ劇場の他に，夏期に屋外で上演されるヴェローナ野外劇場などが有名です．チケットもさほど高価でなく，当代きっての名手たちの艶やかな美声に聞き惚れることができます．ぜひ一度，足を運ばれてはいかがでしょう．

50　cinquanta
チンクワンタ

▶▶▶ ボキャブラリーを増やしましょう

PREFERIRE　好む

A : **Preferisce** il caffè o il tè?　コーヒーと紅茶のどちらが好きですか.
　　プレフェリッシェ　イル　カッフェ　オ イル　テ
B : **Preferisco** il caffè.　コーヒーのほうが好きです.
　　プレフェリスコ　イル　カッフェ

動詞 preferire は，英語の *prefer* と同じで，2つのものを比較した上で，どちらのほうを好むかという意味になります.

| **preferire** A **a** B | B よりも A のほうを好む |

Preferisco il pesce **alla** carne.　肉より魚のほうが好きです.
プレフェリスコ　イル　ペッシェ　アッラ　カルネ

ANDARE　気に入る

A : Ti **va** di andare al cinema?　映画を見に行くのはどうだい.
　　ティ ヴァ ディ アンダーレ アル チーネマ
B : Mi **va** benissimo!　いいねえ！
　　ミ　ヴァ　ベニッシモ

動詞 andare を用いた比較的くだけた表現です.

人（間接目的語）＋ va ─ di ＋ 動詞の原形
　　　　　　　　　　└ 名詞

Non mi va questo vestito!　この服は気に入らない！
ノン　ミ　ヴァ　クエスト　ヴェスティート

ダイアローグで学んでみよう

cinquantuno　51
チンクワントゥーノ

Dialogo 10

舞台はいつ始まるのですか

Quando comincia lo spettacolo?

Miyuki: **Quando comincia lo spettacolo?**
クワンド　コミンチャ　ロ　スペッターコロ

Sig. Pelli: **Comincia alle otto.**
コミンチャ　アッレ　オット

Miyuki: **E a che ora finisce?**
エ　ア　ケ　オーラ　フィニッシェ

Sig. Pelli: **Verso le undici.**
ヴェルソ　レ　ウンディチ

Dopo L'accompagno all'albergo.
ドーポ　ラッコンパーニョ　アッラルベルゴ

美由紀　舞台はいつ始まるのですか.
ペッリ氏　8時に始まります.
美由紀　それで，何時に終わるのですか.
ペッリ氏　11時頃です.
　　　　その後ホテルまで送っていきますよ.

cinquantadue
チンクワンタドゥーエ

Quando comincia? クワンド コミンチャ	いつ始まるのですか

Quando は,「いつ？」とたずねる表現を作ります（英語の *when* と同じです）.

 Quando viene in Italia? いつイタリアにいらっしゃいますか.
 クワンド ヴィエーネ イニターリア
 — A luglio.   7月です.
 ア ルッリィオ

alle otto アッレ オット	8時に

［alle + 数字］で「～時に」という表現になります（P112 参照）.
 Torno a casa alle dieci. 10時に家に帰ります.
 トルノ ア カーサ アッレ ディエーチ

a che ora ア ケ オーラ	何時に

quando と同様に時刻をたずねる表現を作ります（英語の *what time* と同じです）.

Verso le undici. ヴェルソ レ ウンディチ	11時頃です

［verso le + 数字］で「～時頃に」という表現になります.

L'accompagno ラッコンパーニョ	あなたをお送りします

accompagnare ［アッコンパニャーレ］「同伴する」という動詞の「私」を主語に活用した accompagno の前に「あなた（敬称）」を意味する代名詞 La がつけられています.

親しい間柄なら Ti accompagno ... ［ティ アッコンパーニョ］となります.

 Ti accompagno a casa. 家まで送っていくよ.
 ティ アッコンパーニョ ア カーサ

時間についてたずねる表現を覚えましょう

QUANDO いつ

A : **Quando** arriva Marco?   マルコは，いつ到着しますか．
　　クワンド　アッリーヴァ　マルコ

B : Arriva fra poco.   まもなく到着します．
　　アッリーヴァ　フラ　ポーコ

※疑問詞を用いた疑問文では，文末に主語がくることが多いので気をつけてください．

A CHE ORA 何時に （P112参照）

A : **A che ora** comincia il concerto?   コンサートは何時に始まりますか．
　　ア　ケ　オーラ　コミンチャ　イル　コンチェルト

B : Comincia alle sette.   7時に始まります．
　　コミンチャ　アッレ　セッテ

A : **A che ora** parte il treno?   電車は何時に出発しますか．
　　ア　ケ　オーラ　パルテ　イル　トレーノ

B : Parte alle quattro e mezzo.   4時半に出発します．
　　パルテ　アッレ　クワットロ　エ　メッゾ

PER QUANTO TEMPO どのくらい長く

A : **Per quanto tempo** rimane in Italia?
　　ペル　クワント　テンポ　リマーネ　イニターリア
　　　　　　　　　　　　　　　　　　イタリアにはどのくらい滞在するのですか．

B : Per due settimane.   2週間です．
　　ペル　ドゥーエ　セッティマーネ

DA QUANTO TEMPO いつから

A : **Da quanto tempo** studia l'italiano?
　　ダ　クワント　テンポ　ストゥーディア　リタリアーノ
　　　　　　　　　　　　　　いつからイタリア語を勉強しているのですか．

B : Solo da sei mesi.　　ほんの半年（6カ月）前からです．
　　ソーロ　ダ　セーイ　メージ

CI VUOLE, CI VOGLIONO （時間が）かかる，必要である
　　チ　ヴオーレ　チ　ヴォッリィオノ

A : Quanto tempo **ci vuole** per andare alla stazione?
　　クワント　テンポ　チ　ヴオーレ　ペル　アンダーレ　アッラ　スタツィオーネ
　　　　　　　　　　　　　　駅に行くのにどのくらいの時間がかかりますか．

B : **Ci vogliono**※　venti minuti.
　　チ　ヴォッリィオノ　ヴェンティ　ミヌーティ
　　　　　　　　　　　　　　20 分かかります．

※主語は venti minuti（複数名詞），そのため動詞は vogliono となります．

手紙には接吻を！

イタリア語で手紙を書くとき，男性には Carissimo Marco［カリッシモ　マルコ］「親愛なるマルコへ」，女性には Carissima Lucia［カリッシマ　ルチーア］「親愛なるルチアへ」と書き始めます．また，手紙の最後には Tanti saluti.［タンティ　サルーティ］「敬具」と書きます．親しい間柄では，さらに Baci!［バーチ］「キス」と書きそえることも少なくありません．相手の左右の頬にキスをするというあの有名なイタリア式挨拶を手紙でもしているわけですね．

cinquantacinque
チンクワンタチンクエ

Dialogo 11

今日は寒いです

Fa freddo oggi.

Miyuki **Fa freddo oggi.**
ファ フレッド オッジ

Francesca **Ma meno male che non piove.**
マ メーノ マーレ ケ ノン ピオーヴェ

Miyuki **È vero.**
エ ヴェーロ

Francesca **Prendiamo qualcosa di caldo.**
プレンディアーモ クワルコーザ ディ カルド

美由紀　今日は寒いわね.
フランチェスカ　でも雨が降らなくてよかったわ.
美由紀　本当ね.
フランチェスカ　何か温かいものでも飲みましょう.

cinquantasei
チンクワンタセーイ

Fa freddo
ファ フレッド

寒い

天候を表わす表現です．fa は動詞 fare を活用した形で，freddo の代わりに caldo［カルド］を用いれば「暑い」という表現になります．これは客観的な気温について述べたもので，主観的に「自分は寒い（暑い）」と言いたければ，動詞は fare でなく avere を用います．

Ho freddo (caldo).　　　私は寒い（暑い）．
オ　フレッド　（カルド）

meno male
メーノ マーレ

よかった

安堵の気持ちを表わす言いまわしです（単独で用いることもできます）．

Parla giapponese?　　Meno male!
パルラ　ジャッポネーゼ　　メーノ　マーレ
日本語を話されるのですか．よかった！

piove
ピオーヴェ

雨が降る

「雨が降る」という意味の動詞 piovere［ピオーヴェレ］を活用させたものです．この動詞は3人称単数の活用しかありませんから，piove だけを覚えておけばいいでしょう．

qualcosa di caldo
クワルコーザ ディ カルド

何か温かいもの

「何か」を意味する qualcosa を形容詞で説明するときには，［di + 形容詞］としなければなりません．これは「何もない」という意味の niente［ニエンテ］についても同じです．

Non c'è niente di interessante.
ノン チェ ニエンテ ディ インテレッサンテ
興味を引くようなことは何もありません．

cinquantasette
チンクワンタセッテ

▶▶▶ 天候に関する表現を覚えましょう

Fa caldo. ファ カルド	暑い.
Fa freddo. ファ フレッド	寒い.
Fa fresco. ファ フレスコ	涼しい.
Fa freddo in inverno. ファ フレッド イニンヴェルノ	冬は寒いです.

Fa bel tempo. ファ ベル テンポ	天気が良い.（bel = bello）
Fa brutto tempo. ファ ブルット テンポ	天気が悪い.
Se domani fa bel tempo, andiamo in piscina. セ ドマーニ ファ ベル テンポ アンディアーモ イン ピッシィーナ	もし明日天気が良ければプールに行きましょう.

Piove. ピオーヴェ	雨が降る（降っている）.
Nevica. ネーヴィカ	雪が降る（降っている）.
È nuvoloso. エ ヌヴォローソ	曇っている.

▶▶▶ 天気に関する語彙（名詞）を覚えましょう

la pioggia ラ ピオッジャ	雨	il vento イル ヴェント	風
la neve ラ ネーヴェ	雪	il tuono イル トゥオーノ	雷
la nuvola ラ ヌーヴォラ	雲		

▶▶▶ 動詞 fare の活用を覚えましょう

動詞 fare は比較的よく用いられる不規則動詞で，「する，作る」という意味を表わします．

faccio ファッチョ	私は～する
fai ファーイ	君は～する
fa ファ	彼（彼女，あなた）は～する
facciamo ファッチャーモ	私たちは～する

Che cosa **fai** dopo scuola?
ケ コーサ ファーイ ドーポ スクオーラ
放課後は何をするんだい？

— Naturalmente **faccio** i compiti.
ナトゥラルメンテ ファッチョ イ コンピティ
当然，宿題をするよ．

Che cosa **fa** Suo padre?
ケ コーサ ファ スーオ パードレ
お父さんは何をなさっていますか？

— **Fa** il medico.
ファ イル メーディコ
医者をしています．

イタリアの四季

四季を表わす単語は，primavera ［プリマヴェーラ］春, estate ［エスターテ］夏, autunno ［アウトゥンノ］秋, inverno ［インヴェルノ］冬です．「四季」といえばヴィヴァルディの有名なヴァイオリン協奏曲が思い浮かびますが，作曲家本人は「春」「夏」「秋」「冬」という題はつけていても，「四季」Le quattro stagioni ［レ クワットロ スタジョーニ］とは呼んでいませんでした．イタリアは日本に負けず劣らず四季の変化に富んだ国で，それぞれの季節の魅力が音楽や日々の生活に鳴り響いているようです．

cinquantanove
チンクワンタノーヴェ
59

Dialogo 12

私は知りません

Non lo so.

Miyuki: **Lei sa il numero di telefono del professor Angiolini?**
レーイ サ イル ヌーメロ ディ テレーフォノ デル プロフェッソール アンジョリーニ

Sig. Pelli: **Mi dispiace, ma non lo so.**
ミ ディスピアーチェ マ ノン ロ ソ

Francesca: **Lo so io. È 34. 50. 21.**
ロ ソ イーオ エ トレンタクワットロ チンクワンタ ヴェントゥーノ

Miyuki: **Scusa?**
スクーザ

Francesca: **3. 4. 5. 0. 2. 1.**
トレ クワットロ チンクエ ゼーロ ドゥーエ ウーノ

Miyuki: **Ti ringrazio.**
ティ リングラッツィオ

美由紀　アンジョリーニ教授の電話番号をご存知ですか.
ペッリ氏　残念ですが，私は知りません.
フランチェスカ　私が知ってるわ，34.50.21よ.
美由紀　もう一度お願いできる？
フランチェスカ　3. 4. 5. 0. 2. 1よ.
美由紀　ありがとう.

sa il numero di telefono サ イル ヌーメロ ディ テレーフォノ	電話番号を知っていますか

動詞 sapere は「知っている」という意味の重要な動詞です（不規則変化をします）．ここでは敬称の Lei にあたる活用となっていますが，親しい間柄なら sai [サーイ] という言い方になります．

Mi dispiace ミ ディスピアーチェ	残念に思います

「残念に思う」「心が痛む」という意味の慣用表現です．

  Tua madre è malata? Mi dispiace per lei.
  トゥーア マードレ エ マラータ ミ ディスピアーチェ ペル レーイ
  君のお母さん病気だって？ 彼女のことを気の毒に思います．

non lo so ノン ロ ソ	私は（それを）知りません

lo は，英語の *it* にあたる代名詞です．

34. 50. 21. トレンタクワットロ チンクワンタ ヴェントゥーノ	

イタリアでは，電話番号を2桁ずつに区切って読むことが多いようです．なかなか覚えづらいかもしれませんが，少しずつ慣れるように頑張りましょう．

Scusa? スクーザ	すみません，ごめんなさい

「申し訳ありませんが（もう一度言っていただけませんか）」という意味です．これは親しい間柄の表現で，敬称なら Scusi? [スクージ] となります．また同様の表現として，Prego? [プレーゴ]「（もう一度）お願いできますか」を使うこともあります．

Ti ringrazio. ティ リングラッツィオ	ありがとう

Grazie! [グラッツィエ] と同じ表現ですが，ringraziare [リングラッツィアーレ] という動詞を用いています．敬称表現の La ringrazio. [ラ リングラッツィオ]「ありがとうございます」は Grazie mille! [グラッツィエ ミッレ] よりもいくぶんか丁寧な表現になりますので，慣用表現として覚えておくといいでしょう．

sessantuno
セッサントゥーノ

▶▶▶ ボキャブラリーを増やしましょう

SAPERE[サペーレ] 知っている（P126 参照）

A : Mi scusi, **sa** dove è la fermata dell'autobus?
　　　すみませんが，バス停がどこにあるかご存じですか．

B : Un po' più avanti, sulla destra (sinistra).
　　　少し先の右（左）側です．

A : **Sai** quando parte il treno?
　　　列車がいつ出発するか知っているかい．

B : No, non lo so.
　　　いいえ，知りません．

CONOSCERE[コノッシェレ] 知っている

sapere と同様，日本語では「知っている」という表現になりますが，意味の相違があり，conoscere は，おもに「（人）と面識がある」「（店や場所などの）存在を知っている」という意味で用いられます．

A : **Conosce** il nostro professore?　私たちの先生を御存じですか．
B : Si, lo **conosco** bene.　　　　　　ええ，よく存じ上げています．
A : **Conosci** questo ristorante?　　　このレストランを知ってるかい．
B : Sì, è molto famoso.　　　　　　　うん，とても有名だよ．

CAPIRE [カピーレ]　理解する

capire は「理解する，わかる」という意味の動詞です．ほぼ英語の *understand* にあたります．

A : **Capisce** questa spiegazione?
　　カピッシェ　クエスタ　スピエガツィオーネ
B : Sì, la **capisco** abbastanza.
　　シ　ラ　カピスコ　アッパスタンツァ

この説明がわかりますか．

ええ，かなり理解できます．

日常会話では，capire の過去分詞だけを「わかったか？」という意味で用いることがよくあります．覚えておくと便利な表現でしょう．

A : **Capito**?
　　カピート
B : Sì, ho **capito**.
　　シ　オ　カピート

わかったかい．

うん，わかったよ．

※動詞の活用については P122 を参照してください．

オオカミの口に飛び込め！？

イタリア人は舞台に出て行く俳優や歌手，あるいは，試験を受けようとしている友人にむかって In bocca al lupo! [イン　ボッカ　アル　ルーポ]「オオカミの口に飛び込め（オオカミに喰われてしまえ）」と言います．これはもともと猟に出て行く狩人にむかって逆説的に幸運を祈るためのコトバでした．こう言われた人は，にっこり笑って Crepi il lupo! [クレーピ　イル　ルーポ]「オオカミなんかくたばっちまえ」と答えるのが正解です．

Dialogo 13

アンジョリーニ教授と話したいのですが

Vorrei parlare con il professor Angiolini.

Miyuki **Pronto. Vorrei parlare con il professor**
プロント ヴォッレーイ パルラーレ コン イル プロフェッソール

Angiolini.
アンジョリーニ

Segretaria **Spiacente, adesso non c'è.**
スピアチェンテ アデッソ ノン チェ

Miyuki **Allora lo richiamo più tardi.**
アッローラ ロ リキアーモ ピュ タルディ

Segretaria **Va bene.**
ヴァ ベーネ

美由紀 もしもし，アンジョリーニ教授と話したいのですが．
秘書 申し訳ありませんが，現在おりません．
美由紀 それでは，また後ほどかけなおします．
秘書 わかりました．

Pronto. プロント	もしもし

電話をかけたとき，あるいは，受けたときの決まり文句です．

Vorrei parlare ヴォッレーイ パルラーレ	話したいのですが

「私」を主語にして動詞 volere を活用すると voglio［ヴォッリィオ］となるのが基本ですが，ここでは英語の *I would like to* にあたる丁寧な表現をとっています．vorrei +　動詞の原形　「～したい」という形で覚えてしまいましょう．

  Vorrei prenotare due posti. 席を2つ予約したいのですが．
  ヴォッレーイ プレノターレ ドゥーエ ポスティ

con il professor Angiolini コン イル プロフェッソール アンジョリーニ	アンジョリーニ教授と

人の名前に肩書きをつけて呼ぶ場合，語尾の -e は省略されます．

  signor Pelli ペッリ氏
  シニョール ペッリ

Spiacente スピアチェンテ	残念です

Sono spiacente.［ソーノ スピアチェンテ］あるいは Mi dispiace.［ミ ディスピアーチェ］と表現することもあります．

lo richiamo più tardi ロ リキアーモ ピュ タルディ	後で電話しなおします

動詞 richiamare［リキアマーレ］「電話をかけなおす」を「私」を主語として活用した richiamo の前に「彼」を表わす代名詞 lo がつけられています．「電話をかける」という動詞として telefonare も覚えておくといいでしょう．

  Domani ti telefono a casa. 明日，君の家に電話するよ．
  ドマーニ ティ テレーフォノ ア カーサ

volere「〜したい」という表現を使えるようにしましょう

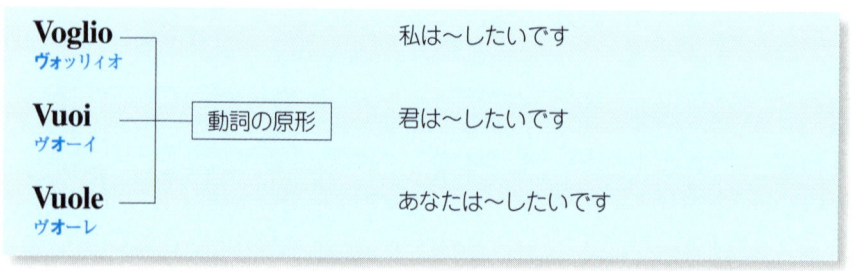

Voglio ヴォッリィオ		私は〜したいです
Vuoi ヴオーイ	動詞の原形	君は〜したいです
Vuole ヴオーレ		あなたは〜したいです

動詞 volere は上記のように活用し,「〜したい」という意味を表わします.

Vuole bere il vino?
ヴオーレ ベーレ イル ヴィーノ
ワインを飲みたいですか.

Vuoi sapere la vera storia?
ヴオーイ サペーレ ラ ヴェーラ ストーリア
本当の話を知りたいかい.

ただし,「私は〜したい」という場合,とりわけ,さほど親しくない人や目上の人(敬称で話す相手)には,英語の"*I would like to*"(もしできるなら〜したいのですが)にあたる丁寧な表現を使うべきでしょう.これは,少し難しい文法事項になりますが,vorrei ... という形で暗記してしまいましょう.

Vorrei + 動詞の原形   私は〜したいです

Vorrei mangiare qualcosa di leggero.
ヴォッレーイ マンジャーレ クワルコーザ ディ レッジェーロ
何か軽いものを食べたいのですが.

また,volere を用いた疑問文で,相手に何かを頼むことができます.

Vuole aspettare qui?
ヴオーレ アスペッターレ クイ
ここで待っていていただけますか.

Vuoi scrivermi?
ヴオーイ スクリーヴェルミ
僕に手紙を書いてくれるかい.

▶▶▶ 自分の願望や意志を表現してみましょう

AVERE VOGLIA DI ～したい（avere P26 参照）
アヴェーレ　ヴォッリィア　ディ

Ho voglia di andare in Italia.　　　私はイタリアに行きたいです。
オ　ヴォッリィア　ディ　アンダーレ　イニターリア

Francesco **ha voglia di** comprare una macchina nuova.
フランチェスコ　ア　ヴォッリィア　ディ　コンプラーレ　ウーナ　マッキナ　ヌオーヴァ
　　　　　　　　　　　　　フランチェスコは新しい車を買いたいと思っています。

voglia は「望み」という名詞です．avere voglia di の後に動詞の原形を続けることで「～したい，～したいと思っている」という表現になります．

PENSARE DI ～しようと思う
ペンサーレ　ディ

Penso di visitare la Galleria degli Uffizi.
ペンソ　ディ　ヴィジターレ ラ　ガッレリーア　デッリ　ウッフィッツィ
　　　　　　　　　　ウフィッツィ美術館をたずねようと思っています。

Penso di studiare l'italiano.　イタリア語を勉強しようと考えています。
ペンソ ディ ストゥディアーレ リタリアーノ

「願望」ではなく「意志」を伝えるための表現です．上と同様，di の後には動詞の原形が続きます．

Che cosa **pensa di** fare questa estate?
ケ　コーザ　ペンサ　ディ ファーレ　クエスタ エスターテ
　　　　　　　　　　この夏は何をしようと思っていますか．

Penso di andare a vedere i monumenti greci in Sicilia.
ペンソ　ディ アンダーレ ア ヴェデーレ イ モヌメンティ　グレーチ イン シチーリア
　　　　　　　　シチリアのギリシャ遺跡を見に行こうと思っています。

sessantasette
セッサンタセッテ

Dialogo 14

このジャケットを試着していいですか

Posso provare questa giacca?

Miyuki **Posso provare questa giacca?**
ポッソ プロヴァーレ クエスタ ジャッカ

Commessa **Un momento. Che taglia porta?**
ウン モメント ケ タッリィア ポルタ

Miyuki **Non so. Posso misurare?**
ノン ソ ポッソ ミズラーレ

Commessa **Certo! Può venire qui?**
チェルト プオ ヴェニーレ クイ

美由紀　このジャケットを試着していいですか．
店員　ちょっと待ってください．サイズはいくつですか．
美由紀　分かりません．測ってみてもいいですか．
店員　もちろんです．こちらへ来ていただけますか．

sessantotto
セッサントット

Posso provare ポッソ　プロヴァーレ	試していいですか

possoは，動詞potereを活用したものです（英語の*can*にあたります）．potereの後に続く動詞が原形のままであることに注意してください．

Un momento. ウン　モメント	ちょっと待ってください

直訳すれば「一瞬」となりますが，電話の取り次ぎの際など様々な場面において「ちょっと（待ってください）」という意味で頻繁に用いられます．

Che taglia porta? ケ　タッリィア　ポルタ	サイズはいくつですか

taglia「サイズ」という名詞の前につけられたcheは「どの」という意味を表わしています．したがって「どのサイズを持っていますか」というのがこの疑問文の原義です．「サイズ」の意味でtagliaの代わりにmisura [ミズーラ] という単語を使うこともあります．

Non so. ノン　ソ	わかりません

「知っている」という意味の動詞sapereを1人称で活用した形です．sapereについてはP62を参照してください．ただ，短い表現ですからこのまま覚えてしまうと便利でしょう．

Posso misurare? ポッソ　ミズラーレ	測ってみてもいいですか

これも動詞potereを使った表現ですから，これに続く動詞misurare「測る」が原形になっています．

Può venire qui? プオ　ヴェニーレ　クイ	こちらに来ていただけますか

これも動詞potereを使った表現で，主語は敬称のLeiになっています．

sessantanove
セッサンタノーヴェ

動詞 potere「〜できる」の使い方を覚えましょう

potere の後に動詞の原形を置くことで「可能」「許可」「願望」を表現することができます．英語の *can* や *may* にあたる単語です．

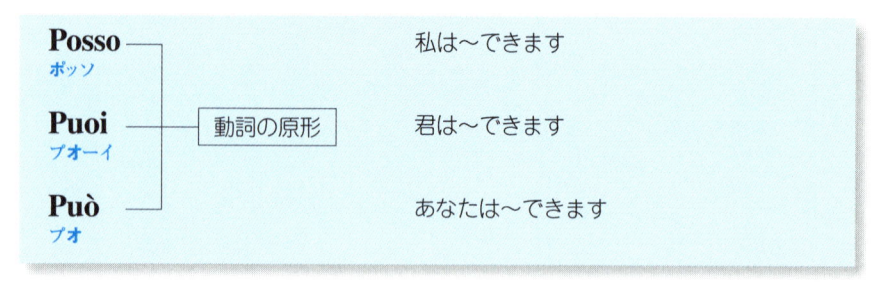

Posso ポッソ ― 私は〜できます
Puoi プオーイ ― 動詞の原形 ― 君は〜できます
Può プオ ― あなたは〜できます

可能

Non **posso** prendere quel* treno.
ノン ポッソ プレンデレ クエル トレーノ
その列車に乗ることはできません．

Può aggiustare questa macchina?
プオ アッジュスターレ クエスタ マッキナ
（あなたは）この機械を直すことができますか．

※ quel = quello

許可

Posso fumare?
ポッソ フマーレ
タバコを吸ってもいいですか．

Posso fare una foto?
ポッソ ファーレ ウーナ フォート
写真を撮ってもいいですか．

願望

Puoi aprire la finestra?
プオーイ アプリーレ ラ フィネーストラ
窓を開けてくれるかい．

Può passarmi* il sale?
プオ パッサルミ イル サーレ
塩をまわしていただけますか．

※ passarmi = passare + mi　私にまわす，私にわたす

70　settanta
セッタンタ

▶▶▶ ボキャブラリーを増やしましょう

SAPERE ～できる

sapere「知っている」は,「～のやり方を知っている」というニュアンスで「～できる」という表現に用いることができます.

| Lei **sa** guidare?
レーイ サ グイダーレ | あなたは運転できますか.
(運転の仕方を知っていますか) |
| Non **so** nuotare.
ノン ソ ヌオターレ | 私は泳げません.
(泳ぎ方を知りません) |

Mario **sa** guidare. マーリオ サ グイダーレ	マリオは運転できます.
Ma non può guidare oggi. マ ノン プオ グイダーレ オッジ	でも,今日は運転できません.
È ubriaco. エ ウブリアーコ	彼は酔っています.

RIUSCIRE ～できる

riuscire a ... は,「～をうまくやってのける,成功する」という意味になります.

| Non **riesco** ad* aprire questa scatola.
ノン リエスコ アダプリーレ クエスタ スカートラ | この箱をうまく開けることができません. |
| **Riesce** a indovinare il titolo?
リエッシェ ア インドヴィナーレ イル ティートロ | 題名をうまく当てることができますか. |

※例文に使われているadは,前置詞のaとまったく同じものですが,同じ母音が連続するのを避けるという発音上の理由からadという形になっています.

settantuno
セッタントゥーノ
71

Dialogo 15

このコートのほうが長いのですか

Questo cappotto è più lungo?

Miyuki	**Questo cappotto è più lungo di quello?** クエスト　カッポット　エ　ピュ　ルンゴ　ディ　クエッロ
Commessa	**Sì, è il cappotto più lungo di questo negozio.** シ　エ　イル　カッポット　ピュ　ルンゴ　ディ　クエスト ネゴーツィオ
Miyuki	**Il colore è bellissimo.** イル　コローレ　エ　ベッリッシモ
Commessa	**Le sta benissimo.** レ　スタ　ベニッシモ

美由紀　このコートのほうがあちらのより長いのですか.
店員　はい，この店でいちばん長いコートです.
美由紀　色がとてもきれいだわ.
店員　とってもよくお似合いですよ.

| **è più lungo**
エ ピュ ルンゴ | より長い |

形容詞 lungo の前に più がついて比較級「より長い」という意味になっています．

| **di quello**
ディ クエッロ | あれよりも |

[più + 形容詞] で「より〜だ」という文において比較の対象は [di +〜] という形で表現されます（英語の *than ...* にあたります）．

| **il cappotto più lungo**
イル カッポット ピュ ルンゴ | いちばん長いスカート |

[定冠詞 + più + 形容詞] という形で最上級「もっとも〜だ」という意味になります．

    la chiesa più antica d'Italia　イタリアで最古の教会
    ラ キエーザ ピュ アンティーカ ディターリア

| **bellissimo**
ベッリッシモ | とてもきれいだ |

形容詞 bello「美しい」の絶対最上級で，「きわめて美しい」という意味になります．

| **Le sta benissimo.**
レ スタ ベニッシモ | よく似合っています |

主語は前出の il cappotto, Le は「あなたに」を表わす敬称です．親しい間柄なら ti「君に」を用います．

    Ti sta bene questa cravatta.　このネクタイは，君に似合っているよ．
    ティ スタ ベーネ クエスタ クラヴァッタ

▶▶▶ 比較を表わす表現を覚えましょう

比較級 ▶ ～よりも…だ

> Questa gonna è **più** lunga di quella.
> クエスタ ゴンナ エ ピュ ルンガ ディ クエッラ
> このスカートは，あれ（あのスカート）より長いです．
>
> Questo ragazzo è **più** alto di me.
> クエスト ラガッツォ エ ピュ アルト ディ メ
> この少年は僕より背が高い．

[**più** + 形容詞（副詞）]で形容詞（副詞）の比較級を作ることができます．「～よりも」のように比較の対象を言うには前置詞 di を用います（英語の *than* にあたります）．

最上級 ▶ もっとも～だ

> Questa camicia è **la più** piccola?
> クエスタ カミーチャ エ ラ ピュ ピッコラ
> このブラウスが，いちばん小さいのですか．
>
> Questo signore è **il più** ricco di tutti.
> クエスト シニョーレ エ イル ピュ リッコ ディ トゥッティ
> この男性が，みんなのなかでいちばんお金持ちです．

[定冠詞 + **più** + 形容詞（副詞）]で形容詞（副詞）の最上級を作ることができます．

▶▶▶ 絶対最上級 ▶ きわめて〜だ

Questa borsa è **bellissima**.
クエスタ　ボルサ　エ　ベッリッシマ

このバッグは，とてもきれいです．

Questo romanzo è **stranissimo**.
クエスト　ロマンゾ　エ　ストラニッシモ

この小説はとても変わっています．

形容詞（副詞）の語幹に -issimo をつけることで絶対最上級を作ることができます．絶対最上級とは，客観的に何かと比べて「もっとも〜だ」という表現（相対最上級）ではなく，主観的にとにかく「きわめて〜だ，とっても〜だ」という強調の意味で用いられる表現です．

buono ブオーノ よい	→ buon + **issimo**	→ buonissimo ブオニッシモ とってもよい
facile ファーチレ 簡単な	→ facil + **issimo**	→ facilissimo ファチリッシモ きわめて簡単な

幸運はあなたにも

"形容詞 buono ＋名詞" という組み合わせで「よい〜を（祈ります）！」と言うことができ，Buon viaggio! [ブオン　ヴィアッジョ]「よい旅を！」，Buon divertimento! [ブオン　ディヴェルティメント]「ぞんぶんに楽しんでね！」など様々な場面で用いられます．もちろん言われた人は Grazie! と答えればよいのですが，「あなたもね！」という表現を覚えておくと便利でしょう．Altrettanto[アルトレッタント]というコトバがそれです．

Buone vacanze! [ブオーネ　ヴァカンツェ]「素敵な休暇を！」
Grazie, altrettanto a Lei (te). [グラッツィエ　アルトレッタント　ア　レーイ（テ）]「ありがとう，あなたもね（君もね）」

Dialogo 16

駅に行かなければなりません

Devo andare alla stazione.

Miyuki: **Perché hai tanta fretta?**
ペルケ　アーイ　タンタ　フレッタ

Francesca: **Perché devo andare alla stazione.**
ペルケ　デーヴォ　アンダーレ　アッラ　スタツィオーネ

Miyuki: **Alla stazione?**
アッラ　スタツィオーネ

Francesca: **Sì, ho un appuntamento alle cinque.**
シ　オ　ウナップンタメント　アッレ　チンクエ

美由紀　どうしてそんなに急いでいるの．
フランチェスカ　だって駅に行かなければならないのよ．
美由紀　駅に？
フランチエスカ　そう，5時に約束があるのよ．

settantasei
セッタンタセーイ
76

Perché? ペルケ	どうして

理由をたずねる疑問詞で「なぜ？」という意味を表わします（英語の *why* にあたります）．

hai tanta fretta アーイ タンタ フレッタ	そんなに急いで

「急いでいる」という意味の熟語 avere fretta を tanto「とても」で強めています．

Perché ペルケ	なぜならば

上述のように Perché ...? の疑問文で質問された場合，答えの文も Perché で始めることになります（つまり perché という単語は，英語の *why* にも *because* にも相当するわけです）．場合によっては，Per ... という形で「〜をするために」と答えることもあります．

 Perché studia l'italiano? なぜイタリア語を学ぶのですか．
 ペルケ ストゥーディア リタリアーノ
 Perché mi piace l'Italia. イタリアが好きだからです．
 ペルケ ミ ピアーチェ リターリア
 Per studiare la storia dell'arte. 美術史を勉強するためです．
 ペル ストゥディアーレ ラ ストーリア デッラルテ

devo andare デーヴォ アンダーレ	行かなければならない

英語の *should* あるいは *must* にあたるのが dovere という動詞です．「〜ねばならない」という意味になります．

un appuntamento ウナップンタメント	約束

「アポイントメント＝人と会う約束」という意味で使っています．仕事での正式なアポイントメントから，友達との待ち合わせまで広く用いることができる単語です．

動詞 dovere の使い方を覚えましょう

動詞 dovere の後に動詞の原形を置くことで「義務」を，また，否定文では「禁止」を表現することができます．英語の *should* や *must* にあたる単語です．

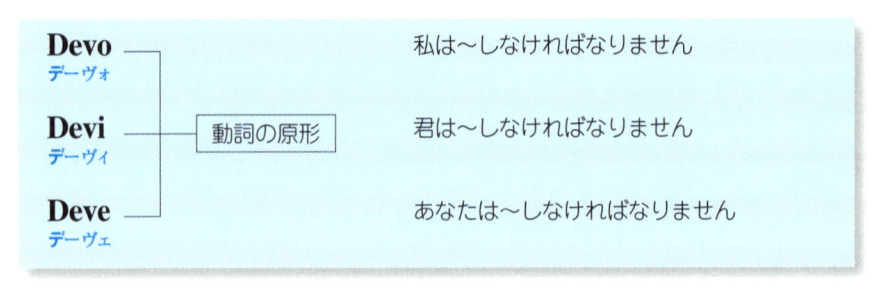

Devo ――― 私は～しなければなりません
デーヴォ

Devi ――【動詞の原形】 君は～しなければなりません
デーヴィ

Deve ――― あなたは～しなければなりません
デーヴェ

DOVERE　～しなければならない

Lei deve andare alla questura.
レーイ デーヴェ アンダーレ アッラ クエストゥーラ
あなたは警察署に行かなければならない．

Devi preparare la cena.
デーヴィ プレパラーレ ラ チェーナ
君は夕食を準備しなければならない．

DOVERE の否定文　～してはならない

Non deve prendere troppo caffè.
ノン デーヴェ プレンデレ トロッポ カッフェ
コーヒーを飲み過ぎてはいけません．

Non devi toccare questo bottone.
ノン デーヴィ トッカーレ クエスト ボットーネ
このボタンに触れてはいけない．

settantotto
セッタントット

▶▶▶ ボキャブラリーを増やしましょう

BISOGNARE ～する必要がある，～ねばならない

Bisogna partire subito.　　すぐに出発しなければならない．
ビゾーニャ　パルティーレ　スービト

Bisogna ascoltare il suo discorso.　彼の話を聞く必要がある．
ビゾーニャ　アスコルターレ　イル　スーオ　ディスコルソ

bisognare はつねに3人称単数の活用で，「一般的に人は～しなければならない」という意味になります．

BISOGNARE の否定文　～する必要がない，～しなくていい

Non bisogna affrettarsi così.　そんなに急がなくていい．
ノン　ビゾーニャ　アッフレッタールシ　コシ

Non bisogna avere paura.　怖がる必要はない．
ノン　ビゾーニャ　アヴェーレ　パウーラ

C'È BISOGNO DI ...　～する必要がある，～しなければならない

C'è bisogno di prenotare prima.　まず予約する必要があります．
チェ　ビゾーニョ　ディ　プレノターレ　プリーマ

c'è bisogno di ... の構文も，bisognare と同じく主語を限定せずに用いられます．したがって，「一般的に人は～する必要がある」という意味になります．

C'È BISOGNO DI ... の否定文　～する必要がない，～しなくていい

Non c'è bisogno di preoccuparsi tanto.　あまり心配しなくていいですよ．
ノン　チェ　ビゾーニョ　ディ　プレオックパールシ　タント

settantanove
セッタンタノーヴェ

Dialogo 17

席を予約するにはどうすればいいのですか

Come si fa per prenotare il posto?

Miyuki: **Il prossimo fine settimana vorrei andare a Venezia per vedere il Carnevale.**
イル プロッシモ フィーネ セッティマーナ ヴォッレーイ アンダーレ ア ヴェネーツィア ペル ヴェデーレ イル カルネヴァーレ

Francesca: **Allora prendi il treno, vero?**
アッローラ プレンディ イル トレーノ ヴェーロ

Miyuki: **Sì, come si fa per prenotare il posto?**
シ コーメ シ ファ ペル プレノターレ イル ポスト

Francesca: **È molto facile!**
エ モルト ファーチレ

美由紀　次の週末，ヴェネツィアにカーニバルを見に行きたいのだけど．
フランチェスカ　それじゃあ，列車に乗るわけね．
美由紀　ええ，席を予約するにはどうすればいいの．
フランチェスカ　とっても簡単よ．

80 **ottanta**
オッタンタ

| **Il prossimo fine settimana**
イル　プロッシモ　フィーネ　セッティマーナ | 次の週末 |

fine settimana は「週末」を意味する男性名詞扱いの熟語です．近ごろでは英語の weekend を男性名詞としてそのまま用いる人もいます．また，prossimo は英語の next にあたりますが，修飾する名詞の性・数に一致することに気をつけてください．

　　la settimana prossima　　　　来週
　　ラ　セッティマーナ　プロッシマ

| **vorrei andare**
ヴォッレーイ　アンダーレ | 行きたいのですが |

動詞 volere「～したい」を丁寧な形で活用させて（P66 参照），「行く」という意味の動詞 andare の原形を続けています．

| **prendi il treno**
プレンディ　イル　トレーノ | 列車に乗る |

動詞 prendere は，「（列車やバスなどの乗り物に）乗る」「（食事や飲み物を）とる」「（商品を）買う」といった様々な意味で用いることのできる便利なコトバです（英語の take にあたります）．ここでは tu「君」を主語とした活用になっています．

| **come si fa per ...**
コーメ　シ　ファ　ペル | ～するにはどうすればいいですか |

「一般的に人はどのようにするのか」という意味の疑問文です．per の後に様々な動詞（原形）をつなげることで，多様な表現ができます．

　　Come si fa per noleggiare una macchina?
　　コーメ　シ　ファ　ペル　ノレッジャーレ　ウーナ　マッキナ
　　レンタカーを借りるにはどうすればいいですか．

| **facile**
ファーチレ | 簡単な |

対義語は difficile ［ディッフィーチレ］「難しい」です．

ottantuno
オッタントゥーノ
81

すぐに使える表現を覚えましょう

駅で使える表現

Un biglietto per Firenze, per favore.
ウン ビッリィエット ペル フィレンツェ ペル ファヴォーレ

フィレンツェ行きのチケットを1枚お願いします.

Un biglietto di andata e ritorno, per favore.
ウン ビッリィエット ディ アンダータ エ リトルノ ペル ファヴォーレ

往復チケットをお願いします.

Un biglietto di prima (seconda) classe.
ウン ビッリィエット ディ プリーマ (セコンダ) クラッセ

1等 (2等) 客室のチケット.

Bisogna fare anche il supplemento rapido?
ビゾーニャ ファーレ アンケ イル ッスプレメント ラーピド

特急券も買わなければなりませんか.

Vorrei cancellare la prenotazione e comprare un altro biglietto.
ヴォッレーイ カンチェッラーレ ラ プレノタツィオーネ エ コンプラーレ ウナルトロ ビリィエット

予約をキャンセルして別のチケットを買いたいのですが.

Dove è il deposito bagagli?
ドーヴェ エイル デポージト バガッリィ

手荷物一時預かり所はどこですか.

Vorrei depositare questa valigia.
ヴォッレーイ デポジターレ クエスタ ヴァリージャ

この旅行カバンを預けたいのですが.

ottantadue
オッタンタドゥーエ

▶▶▶ 一般に「人」は〜する

[si＋動詞の3人称単数] の形で，漠然と一般的な「人」を主語とする文を作ることができます．

Come si fa per andare al museo?
コーメ シ ファ ペル アンダーレ アル ムゼーオ
　　　　　　　　　　　　　美術館に行くにはどうすればいいですか．

※この例文では [**si** ＋ **fa**（動詞 fare の3人称単数形）] となっています．

Non si può fumare qui.　　　（一般的に人は）ここでは煙草を吸えません．
ノン シ プオ フマーレ クイ

Si mangia bene in questo ristorante.
シ マンジャ ベーネ イン クエスト リストランテ
　　　　このレストランは美味しい．
　　　　（一般的に人は）このレストランでは美味しく食事をすることができます．

クリスマスは誰と？

年末が近づくと派手な照明に彩られたクリスマスツリーが通りを飾るようになります．Natale [ナターレ]「クリスマス」を前にした街はどことなく顔を紅潮させているよう，道ゆく人も浮き足立っているかのようです．そして Buon Natale e Felice Anno Nuovo! [ブオン ナターレ エ フェリーチェ アンノ ヌオーヴォ]「よいクリスマス，そして，幸福な新年を！」と書かれたクリスマスカードが交わされます．ところが，いざクリスマスの日を迎えると街は静かに落ち着いた空気に満たされてしまいます．イタリアでは Natale con i tuoi, Pasqua con chi vuoi. [ナターレ コン イ トゥオーイ パスクワ コン キ ヴオーイ]「クリスマスは家族と，復活祭は恋人と」と言われており，家族とともに Gesù Cristo [ジェズ クリスト]「イエス・キリスト」に想いをよせる日になっているのです．

ottantatré
オッタンタトレ
83

Dialogo 18

なんてきれいなの！

Che bello!

Miyuki **Ecco un piccolo regalo per te.**
エッコ ウン ピッコロ レガーロ ペル テ

Francesca **Grazie! Ma che bello!**
グラッツィエ マ ケ ベッロ

Miyuki **È un anello di vetro veneziano.**
エ ウナネッロ ディ ヴェートロ ヴェネツィアーノ

Francesca **Come sei gentile! È veramente**
コーメ セーイ ジェンティーレ エ ヴェラメンテ

bellissimo!!
ベッリッシモ

美由紀　あなたにプレゼントがあるのよ．
フランチェスカ　ありがとう．まぁ，なんてきれいなの．
美由紀　ヴェネツィアン・グラスの指輪なのよ．
フランチエスカ　あなたってなんて優しいのかしら．本当にとっても素敵（な指輪）ね．

ottantaquattro
オッタンタクワットロ

un piccolo regalo ウン ピッコロ レガーロ	ちょっとしたプレゼント

日本ではプレゼントを贈るときに「つまらないものですが」などと言うことがありますが，イタリア語には同じような謙遜の表現はありません．しいて言えば，この文のように piccolo「小さい」という形容詞が似たような用いられ方をします．

per te ペル テ	君のために

前置詞 per は「～のために」という意味で用いられています（英語の *for* にあたります）．「私のために」なら per me [ペル メ]，また，敬語で「あなたのために」なら per Lei [ペル レーイ] となります．

Ma che bello! マ ケ ベッロ	まあ，なんてきれいなの

ここで使われている ma には「しかし」という意味はありません．コトバの語呂をあわせるためにごく軽い調子で，ちょっとした強調を表現するために用いられています．
[che + 名詞（形容詞）] で感嘆の気持ちを表現することができます．

Come sei gentile! コーメ セーイ ジェンティーレ	なんて優しいの

これも同様に感嘆文になっています．sei gentile「君は優しい」という文の前に come がつけられた形です．

　　Come sono belli i quadri di Tiziano! ティツィアーノの絵はなんて美しいの！
　　コーメ ソーノ ベッリ イ クワードリ ディ ティツィアーノ

▶▶▶ 感動や驚きを表現してみましょう（感嘆文）

CHE + 名詞（形容詞） ▶なんという〜なんだ！ なんて〜なんだ！

Che orrore!　　　　　　　　　　なんて恐ろしいんだ！
ケ　オッローレ
Che sorpresa!　　　　　　　　　なんと驚いたことか！
ケ　ソルプレーザ
Che bello!　　　　　　　　　　　なんて美しいんだ！
ケ　ベッロ

COME + 文 ▶なんて〜なんだ

Come canta bene!　　　　　　　なんて上手に歌うんだ！
コーメ　カンタ　ベーネ

QUANTO + 名詞 ▶なんて多くの〜なんだ

Quanta pioggia!　　　　　　　　なんという土砂降りなんだ！
クワンタ　ピオッジャ
Quante bugie!　　　　　　　　　なんと嘘ばかりを（並べるものだ）！
クワンテ　ブジーエ

※名詞の性・数に一致して quanto の語尾が変わることに気をつけてください．数えられない名詞の場合は単数形になります．

▶▶▶ 会話のアクセントとなる様々な表現を覚えましょう

Mamma mia! マンマ　ミーア	なんということだ！
Dio mio! ディーオ　ミーオ	なんということだ！
Accidenti! アッチデンティ	困ったことになった！
Incredibile! インクレディービレ	信じられない！
Peccato! ペッカート	残念！
Meno male! メーノ　マーレ	よかった！（「ほっとした」という安堵の気持ちを表わします）
Auguri! アウグーリ	おめでとう！
Congratulazioni! コングラトゥラツィオーニ	おめでとう！
Forza! フォルツァ	がんばれ！（元気を出せ）
Coraggio! コラッジョ	がんばれ！（勇気を出せ）
Cin cin! チン　チン	乾杯！（グラスの音からきていると言われています）
(Alla) salute! アッラ　サルーテ	乾杯！（「健康のために！」という意味です）

ダイアローグで学んでみよう

Dialogo 19

サンマルコ寺院を見てきました

Ho visitato la Basilica di San Marco.

Francesca **Che cosa hai fatto a Venezia?**
ケ　コーザ　アーイ　ファット　ア　ヴァネーツィア

Miyuki **Ho visitato la Basilica di San Marco.**
オ　ヴィジタート　ラ　バジーリカ　ディ　サン　マルコ

E ho fatto tante foto del Carnevale.
エ　オ　ファット　タンテ　フォート　デル　カルネヴァーレ

Francesca **Sei contenta del viaggio?**
セーイ　コンテンタ　デル　ヴィアッジョ

Miyuki **Contentissima!**
コンテンティッシマ

フランチェスカ　ヴェネツィアで何をしたの？
美由紀　サンマルコ寺院を見てきたのよ．
　　　　それから，カーニバルの写真をたくさん撮ったわ．
フランチエスカ　その旅行に満足している？
美由紀　大満足！

ottantotto
オッタントット

| **Che cosa hai fatto?** | 何をしたの？ |
| ケ　コーザ　アーイ　ファット | |

動詞 fare「する」の過去形を用いた文例です．動詞 avere を主語 tu「君」にあわせて活用した hai に，fare の過去分詞 fatto が続いています．この過去分詞は不規則な形ですが，使用頻度が高いので覚えてしまいましょう．hai を ha に代えれば，敬称の疑問文になります．

　　Che cosa ha fatto ieri sera?　　昨晩は何をなさったのですか．
　　ケ　コーザ　ア　ファット　イエーリ　セーラ

Ho visitato	（私は）訪れた
オ　ヴィジタート	
ho fatto	（私は）撮った
オ　ファット	

それぞれ，動詞 visitare「訪れる」，fare「作る（撮る）」の過去形になっています．visitato は規則的変化の過去分詞，fatto は不規則変化の過去分詞です．

| **tante foto** | たくさんの写真 |
| タンテ　フォート | |

女性名詞 fotografia「写真」を省略した形の foto は複数形でも語尾変化はありません．

| **sei contenta** | 君は満足している |
| セーイ　コンテンタ | |

形容詞 contento「満足した」が主語にあわせて女性形になっています．［di +〜］と続けることで「〜に満足している」という表現になります．

過去の表現を覚えましょう（近過去1）

イタリア語の過去形には様々な種類がありますが，ここでは最も基本的な形（近過去）を覚えてください．

過去形は [**avere** + 過去分詞]（あるいは [essere + 過去分詞]：次課参照）という形で作ります．

過去分詞の作り方（不規則な過去分詞は辞書などで確認しなければなりません）

ARE 動詞	ERE 動詞	IRE 動詞
-are ▶ -ato	-ere ▶ -uto	-ire ▶ -ito

動詞 cantare「歌う」を例にすると，次のようになります．

Ho cantato.	私は歌った．	Abbiamo cantato.	私たちは歌った．
Hai cantato.	君は歌った．	Avete cantato.	君たちは歌った．
Ha cantato.	彼（彼女）は歌った．あなたは歌った．	Hanno cantato.	彼らは歌った．

Ho veduto la motocicletta. 私はオートバイを売りはらった．
veduto ◀ vedere

Abbiamo finito il lavoro. 私たちは仕事を終えました．
finito ◀ finire

Ha prenotato il treno? 列車を予約しましたか．
prenotato ◀ prenotare

—Sì, **ho prenotato**. はい，予約しました．

novanta

▶▶▶ 過去の時を表わす様々な表現

l'anno scorso (= lo scorso anno) ランノ スコルソ　（ロ スコルソ アンノ）	去年，昨年
il mese scorso イル メーゼ スコルソ	先月
la settimana scorsa ラ セッティマーナ スコルサ	先週

形容詞 scorso は「過ぎ去った，前の」という意味で，英語の *last* にあたる形容詞です．

Ho comprato un libro la settimana scorsa.
オ コンプラート ウン リーブロ ラ セッティマーナ スコルサ

私は先週本を一冊買いました．

tre anni fa トレ アンニ ファ	3年前
quattro settimane fa クワットロ セッティマーネ ファ	4週間前

時を表わす表現（3年，4週間，など）の後に fa（▶ fare）をつけると「〜前」という意味の副詞句を作ることができます．この際，fa には動詞本来の「する」という意味はなく，英語の ... *ago* にあたると考えておいていいでしょう．

Ho visitato il museo cinque anni fa.
オ ヴィジタート イル ムゼーオ チンクエ アンニ ファ

私は5年前にその美術館を訪れました．

飛行機は出発しました

L'aereo è partito!

Francesca   **L'aereo è partito!**
ラエーレオ　エ　パル**ティー**ト

Miyuki è partita per il Giappone.
ミユキ　エ　パル**ティー**タ　ペル　イル　ジャッ**ポー**ネ

Già mi manca tanto!
ジャ　ミ　**マン**カ　**タン**ト

Ciao Miyuki, ci vediamo presto!
チャーオ　ミユキ　チ　ヴェディ**アー**モ　プレスト

フランチェスカ　飛行機が出発してしまったわ．
　　　　　　　美由紀は日本に発ってしまった．
　　　　　　　もうとっても寂しくなってきたわ．
　　　　　　　チャオ，美由紀，またすぐに会いましょう！

è partito エ パルティート	出発した

動詞 partire「出発する」の過去形です．この文のように動詞によっては［essere +過去分詞］という形で過去形を作るものがあります．

è partita エ パルティータ	出発した（旅立った）

上と同様に，動詞 essere を主語「彼女（美由紀）」にあわせて活用したとに，動詞 partire の過去分詞 partita（◀ partito）が続いています．このように essere を用いた過去形では，過去分詞の語尾が主語の性・数に一致することに気をつけてください．

Già ジャ	すでに，もう

過去を表わす文の中でも頻繁に用いられる副詞です．

 Il treno è già partito.   列車はもう出発してしまいました．
 イル トレーノ エ ジャ パルティート

mi manca tanto ミ マンカ タント	彼女がいなくて寂しい

動詞 mancare「欠ける」の主語は lei「彼女」です．つまり，直訳すれば「彼女がわたしに欠けている」という意味になります．

 Mi manca l'Italia!   イタリアが恋しいよ！
 ミ マンカ リターリア

ci vediamo presto チ ヴェディアーモ プレスト	すぐに会いましょう

ci vediamo は別れの挨拶ですが「また会いましょう」というのが本来の意味です．presto は「すぐに」という意味です．

 Ci vediamo domani.   また明日会いましょう！
 チ ヴェディアーモ ドマーニ

novantatré
ノヴァンタトレ

▶▶▶ 過去の表現を覚えましょう（近過去2）

前課に続いてこの課では［**essere** + 過去分詞 ］という形をとる過去形（近過去）を覚えてください．

イタリア語の動詞の多くは，前課で学んだ［avere + 過去分詞 ］という形で過去形を作りますが，［**essere** + 過去分詞 ］という形で過去形を作らなければならない動詞もあるので注意が必要です．

essere を用いて過去形を作る動詞（自動詞の一部）

移動を表わす動詞，など	andare	［アンダーレ］	行く
	arrivare	［アッリヴァーレ］	到着する
	tornare	［トルナーレ］	戻る，帰る
	partire	［パルティーレ］	出発する
	venire	［ヴェニーレ］	来る

動詞 andare「行く」を例にすると，次のようになります．

Sono andato (-a). 私は行った．
ソーノ アンダート（タ）
Sei andato (-a). 君は行った．
セーイ アンダート（タ）
È andato (-a). 彼（彼女）は行った．あなたは行った．
エ アンダート（タ）

Siamo andati (-e). 私は行った．
シアーモ アンダーティ（テ）
Siete andati (-e). 君たちは行った．
シエーテ アンダーティ（テ）
Sono andati (-e). 彼ら（彼女たち）は行った．
ソーノ アンダーティ（テ）

※（　）の中は女性形です．

〔essere + 過去分詞〕の形で過去形を作る場合，過去分詞の語尾を主語の性・数に一致させなければなりません．

Sono andato al mare.　　　　　　　私は海に行きました（男性の場合）．

Sono andata al mare.　　　　　　　私は海に行きました（女性の場合）．

Il treno è partito per Milano.　　　列車はミラノへと出発しました．

Maria è tornata a casa.　　　　　　マリアは家に帰りました．

Siamo arrivati all'albergo.　　　　私たちはホテルに着きました．

È venuto Mario?　　　　　　　　　マリオは来ましたか．

— No, non è venuto.　　　　　　　いいえ，来ませんでした．

星よ，宝よ，我が愛よ

なんだか大仰に聞こえるかもしれませんが，イタリア人は恋人，自分の子供，大切な人に対してこんなコトバで呼びかけています．Stella[ステッラ]「星よ」，Tesoro[テゾーロ]「宝よ」，Amore mio[アモーレ ミーオ]「我が愛よ」．日本語にすると気恥ずかしくさえなりますが，これが自然に感じられるようになったらイタリア的な人間関係に一歩近づいたことになるのかもしれません．

Dialogo 21

イタリアに戻ってきます

Tornerò in Italia.

Miyuki **Tornerò in Italia presto.**
トルネロ　イニターリア　プレスト

E, Francesca, ti rivedrò.
エ　フランチェスカ　ティ　リヴェドロ

Studierò l'italiano di più,
ストゥディエロ　リタリアーノ　ディ　ピュ

e poi ti scriverò in italiano.
エ　ポーイ　ティ　スクリヴェロ　イニタリアーノ

美由紀　すぐにイタリアに戻ってくるわ．
　　　　フランチェスカ，またすぐに会いましょう．
　　　　もっとイタリア語を勉強して，
　　　　イタリア語で手紙を書くからね．

novantasei
ノヴァンタセーイ

| **Tornerò in Italia**
トルネロ イニターリア | （私は）イタリアに戻るでしょう |

動詞 tornare ［トルナーレ］「戻る，帰る」の未来形が使われています．イタリア語では未来の表現は動詞そのものを活用変化させなければなりません．

| **ti rivedrò**
ティ リヴェドロ | （私は）君に再会するでしょう |

上と同様に，動詞 rivedere ［リヴェデーレ］「再会する」の未来形が使われています．

| **di più**
ディ ピュ | もっと |

「もっと多く」という副詞の働きをする熟語です．

  Voglio mangiare di più. もっと食べたいです．
  ヴォッリオ マンジャーレ ディ ピュ

| **ti scriverò**
ティ スクリヴェロ | 君に（手紙を）書くでしょう |

動詞 scrivere ［スクリーヴェレ］「書く」の未来形です．目的語をともなわずに用いると「手紙を書く」という意味になります．

  Scriverò una lettera a mia madre. 母さんに手紙を書くつもりです．
  スクリヴェロ ウーナ レッテラ ア ミーア マードレ

| **in italiano**
イニタリアーノ | イタリア語で |

「日本語で」なら in giapponese ［イン ジャッポネーゼ］，「英語で」なら in inglese ［イニングレーゼ］となります．

ダイアローグで学んでみよう

自分の計画を話してみましょう

未来形を使わなくても avere の熟語によって様々な表現をすることができます．

HO INTENZIONE DI ...　〜するつもりです
オ　　インテンツィオーネ　ディ

Questa estate **ho intenzione di** andare in Italia.
クエスタ エスターテ　オ　インテンツィオーネ ディ アンダーレ イニターリア

この夏，イタリアに行くつもりです．

HO IN PROGETTO DI ...　〜する計画です
オ　イン　　プロジェット　ディ

Ho in progetto di studiare all'estero l'anno prossimo.
オ イン プロジェット ディ ストゥディアーレ アッレステロ　ランノ　プロッシモ

来年，留学する計画を立てています．

いずれも di の後に動詞の原形が続きます．

もちろん「君は〜」「あなたは〜」という場合は，上記の Ho（◀ avere）を他の人称に変えればいいわけです．

Abbiamo in progetto di girare tutta la Toscana.
アッビアーモ イン プロジェット ディ ジラーレ　トゥッタラ　　トスカーナ

私たちはトスカーナ州全域をまわる計画です．

また，近い未来のことであれば現在形で話すことも少なくありません．

Domani non vado a scuola.　　　　　明日は学校に行きません．
ドマーニ　　ノン　ヴァードア スクオーラ

Fra poco arriva　l'autobus.　　　　もうすぐバスが来ます．
フラ　ポーコアッリーヴァ　ラウトブス

novantotto
ノヴァントット

▶▶▶ 動詞の未来形を覚えましょう

きわめて規則的な変化で，一部の不規則動詞についても活用語尾は同じ変化（**-rò**, **-rai**, **-rà** ...）となるため，比較的覚えやすい活用です．

規則動詞の未来形

	ARE動詞	ERE動詞	IRE動詞
原形	cantare カンターレ 歌う	credere クレーデレ 信じる	sentire センティーレ 感じる
io 私が	canterò カンテロ	crederò クレデロ	sentirò センティロ
tu 君が	canterai カンテラーイ	crederai クレデラーイ	sentirai スンティラーイ
lui/lei/Lei 彼/彼女/あなたが	canterà カンテラ	crederà クレデラ	sentirà センティラ

複数人称についてはP123を参照してください．
ARE動詞では語尾（rò, rai rà ...）の前が -e- となることに気をつけてください．

La **richiamerò** più tardi.　　　後ほど，お電話し直します．
ラ　リキアメロ　ピュ　タルディ
Cercherò di fare　del mio meglio.　　全力を尽くしてみるつもりです．
チェルケロ　ディ ファーレ　デル ミーオ メッリィオ

novantanove
ノヴァンタノーヴェ

文法編

発音とアルファベット

アルファベット （alfabeto アルファベート）

イタリア語のアルファベットは基本的に英語と同じもので，新たに覚えなければならない特殊なものはありません．ただし，外来語の表記などにしか用いられない文字があるため，実際に用いられるのは次の21文字だと考えていいでしょう．

A	a	[ア]	N	n	[エンネ]
B	b	[ビ]	O	o	[オ]
C	c	[チ]	P	p	[ピ]
D	d	[ディ]	Q	q	[ク]
E	e	[エ]	R	r	[エッレ]
F	f	[エッフェ]	S	s	[エッセ]
G	g	[ジ]	T	t	[ティ]
H	h	[アッカ]	U	u	[ウ]
I	i	[イ]	V	v	[ヴ]
L	l	[エッレ]	Z	z	[ゼータ]
M	m	[エンメ]			

次の5つの文字は，おもに外来語の表記のために用いられます．

J	j	[イルンゴ]	W	w	[ドッピオ ヴ]
K	k	[カッパ]	X	x	[イクス]
			Y	y	[イプシロン]
					あるいは，[イ グレーコ]

cento
チェント

発音

イタリア語の発音はローマ字で書かれた日本語を発音するのとほとんど同じですからとても簡単です．

母音

日本語と同じ「ア，イ，ウ，エ，オ」で発音することができます．ただし日本語よりもはっきりと発音するように心がけてください．とりわけ，u「ウ」については唇を丸くすぼめるようにして発音しなければなりません．

子音

大半の子音はローマ字どおりに発音すればいいのですが，以下のようにローマ字式とは異なったものがあるのでしっかりと覚えてください．

【覚えなければならない子音】

c

カ行の音で発音するもの
ca / che / chi / co / cu / cr(a) / cl(a)
カ　ケ　キ　コ　ク　クラ　クラ

チャ行の音で発音するもの
cia / ce / ci / cio / ciu
チャ　チェ　チ　チョ　チュ
calendario / chiave / cucina / arancia / bacio / crema
カレンダーリオ　キアーヴェ　クチーナ　アランチャ　バーチョ　クレーマ
カレンダー　鍵　台所　オレンジ　キス　クリーム

※語尾が -co で終わる名詞・形容詞には，男性複数形が -chi となるものと -ci となるものがあるので注意が必要です（P105，108 参照）．

	単数	複数
名詞	pacco [パッコ] 小包 amico [アミーコ] 友人	pacchi [パッキ] amici [アミーチ]
形容詞	stanco [スタンコ] 疲れた simpatico [シンパーティコ] 感じのよい	stanchi [スタンキ] simpatici [シンパーティチ]

centouno
チェントゥーノ
101

g

ガ行の音で発音するもの

ga	**ghe**	**ghi**	go	gu	/ gr(a)
ガ	ゲ	ギ	ゴ	グ	グラ

ジャ行の音で発音するもの

gia	ge	gi	gio	giu
ジャ	ジェ	ジ	ジョ	ジュ

gatto	spaghetti	gusto	Giappone	gelato	oggi
ガット	スパゲッティ	グスト	ジャッポーネ	ジェラート	オッジ
ネコ	スパゲッティ	味	日本	アイスクリーム	今日

sc

ス+カ行の音で発音するもの

sca	**sche**	**schi**	sco	scu	/ scr(a)
スカ	スケ	スキ	スコ	スク	スクラ

シャ行の音で発音するもの

scia	sce	sci	scio	sciu
シャ	シュ	シィ	ショ	シュ

※ c の発音に準じています.

scala	schiena	scuola	sciarpa	sciopero	scrivere
スカーラ	スキエーナ	スクオーラ	シャルパ	ショーペロ	スクリーヴェレ
階段	背	学校	スカーフ	ストライキ	書く

gl

基本的にはグ+ラ行の音で発音しますが gli のときは特殊な発音になるので気をつけなければなりません. これは舌の中程を口蓋上部につけたまま発音するもので,「リィ, ジ, ギィ」の中間ような音に聞こえます.

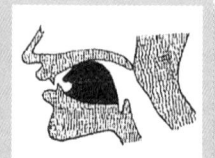

gla	gle	**gli**	glo	glu
グラ	グレ	リィ	グロ	グル

gloria	globale	famiglia	moglie	luglio
グローリア	グロバーレ	ファミリィア	モッリィエ	ルッリィオ
栄光	全体的な	家族	妻	7月

centodue
チェントドゥーエ

gn ニャ行の音で発音します．

gna	gne	gni	gno	gnu
ニャ	ニェ	ニィ	ニョ	ニュ

campagna	bisogno	bagno	signore
カンパーニャ	ビゾーニョ	バーニョ	シニョーレ
田舎	必要	バスルーム	紳士

qu クワあるいはクァに近い音になります．

qua	que	qui	quo
クワ	クエ	クイ	クオ

acqua	quattro	questo	qui	quotidiano
アックワ	クワットロ	クエスト	クイ	クオティディアーノ
水	4	これ	ここ	日刊紙

h hは，発音されません．したがって，例えばhanno「彼らは持っている」とanno「年」は，同じ発音 [アンノ] になります．

s および z

s についてはサ行あるいはザ行，z についてはツァ行あるいはザ行の音となり，それぞれの単語について辞書などで確認する必要があります．とはいえ，地域によって，あるいは，個人差で異なることもあり，あまり神経質になりすぎないほうがいいかもしれません．

studente	forse	sale	musica	paradiso
ストゥデンテ	フォルセ	サーレ	ムージカ	パラディーゾ
学生	おそらく	塩	音楽	天国

pizza	zio	canzone	azzurro	mezzo
ピッツァ	ツィーオ	カンツォーネ	アッズッロ	メッゾ
ピザ	おじ	歌	青い	半分

文法編

centotré
チェントトレ

次の子音は，日本語では区別されていないため注意が必要です．

l と r

l は舌先を上の歯の裏側に軽くあてるようにして発音します．また r は，舌の先を震わせる「巻き舌」の音となります．本書ではともにラ行のルビがつけてありますが区別しなければなりません．

male	mare	molto	morto	orologio
マーレ	マーレ	モルト	モルト	オロロージョ
悪く	海	多くの	死んだ	時計

b と v

b は日本語の「バ行」の音にあたります．v は上の歯が下唇に軽く触れるようにして発音し，「ヴァ行」の音となります（発音するときに上下の唇が触れないように気をつけるのがコツです）．

bene	vene	bevanda	benvenuto
ベーネ	ヴェーネ	ベヴァンダ	ベンヴェヌート
うまく	静脈（複数）	飲み物	ようこそ

アクセント （アッチェント）

イタリア語の単語は，①後ろから２番目の音節にアクセントのある単語，②最後の音節にアクセントのある単語，③後ろから３番目の音節にアクセントのある単語の順で，ほとんどの単語を占めています．このうち，最後の音節にアクセントのある単語には，必ずアクセント記号をつけなければなりませんので気をつけてください．

①	Italia イターリア イタリア	Milano ミラーノ ミラノ	lontano ロンターノ 遠い	bambino バンビーノ 子供	donna ドンナ 女性
②	università ウニヴェルシタ 大学	città チッタ 都市	caffè カッフェ コーヒー	perché ペルケ なぜ	già ジャ すでに
③	Napoli ナーポリ ナポリ	zucchero ツッケロ 砂糖	simpatico シンパーティコ 感じのよい	tavolo ターヴォロ 机	facile ファーチレ 簡単な

centoquattro
チェントクワットロ

名詞

イタリア語の名詞には男性名詞と女性名詞の区別があり，人間や動物などの自然の性を持った単語（l'uomo [ルオーモ]「男性」男性名詞，la donna [ラ ドンナ]「女性」女性名詞）にかぎらず，すべての単語に（文法上の）性が定まっています．少数の例外※をのぞいて単数形の語尾が -o となるものは男性名詞，-a となるものが女性名詞と覚えてください．また，単数形の語尾が -e となる名詞は，男性名詞の場合と女性名詞の場合があるので辞書などで確認しなければなりません．

イタリア語文法では，動詞の活用に並んで，名詞の性・数がきわめて重要な役割を果たしています．右の図式を頭に入れておくと役に立つでしょう．

	男性	女性	男性／女性
単数	o	a	e
複数	i	e	i

男性名詞	o で終わるもの	e で終わるもの
単数形	-o piatto 皿 ↓ ピアット	-e giornale 新聞 ↓ ジョルナーレ
複数形	-i piatti ピアッティ	-i giornali ジョルナーリ
女性名詞	a で終わるもの	e で終わるもの
単数形	-a stella 星 ↓ ステッラ	-e chiave 鍵 ↓ キアーヴェ
複数形	-e stelle ステッレ	-i chiavi キアーヴィ

※例外的な名詞

▶ -a で終わる男性名詞 cinema[チーネマ]映画館，turista[トゥーリスタ]旅行者

▶ -o で終わる女性名詞 mano[マーノ]手

▶単数形と複数形で性が異なる特殊な名詞

　　il braccio[イル ブラッチョ]腕（単数）　le braccia[レ ブラッチャ]腕（複数）

centocinque
チェントチンクエ

冠詞

不定冠詞

「ある，ひとつの」という意味を表わし（英語の *a, an* にあたります），ほとんどの場合，男性名詞には un，女性名詞には una をつけます．

※ほとんどの名詞

男性名詞	女性名詞
un ウン	**una** ウーナ
un piatto ウン ピアット 1枚の皿	una stella ウーナ ステッラ 1つの星

※特に注意しなければならない名詞

母音から始まる女性名詞	
un' ウン	un'amica　1人の女友達 ウナミーカ
s＋子音　あるいは z から始まる男性名詞	
uno ウーノ	uno studente　1人の男子学生 ウーノ ストゥデンテ uno zio　1人のおじさん ウーノ ツィーオ

定冠詞

既知の名詞につける冠詞で，「その，例の」という意味を表わし（英語の the にあたります），ほとんどの場合，男性名詞の単数には il 複数には i を，女性名詞の単数には la 複数には le をつけます．

	男性名詞	女性名詞
単数形	**il** イル	**la** ラ
複数形	**i** イ	**le** レ
単数	il piatto イル ピアット あの皿	la stella ラ ステッラ あの星
複数	i piatti イ ピアッティ	le stelle レ ステッレ

※次のような場合，定冠詞の形が変化するので注意しなければなりません．

【名詞の単数形で】

	男性名詞	女性名詞
母音から始まる名詞（男性・女性名詞とも）	**l'albero** ラルベロ あの木	**l'amica** ラミーカ あの女友達
s ＋子音 あるいは z から始まる男性名詞	**lo studente** ロ ストゥデンテ あの男子学生	

【名詞の複数形で】

	男性名詞
母音から始まる男性名詞	**gli alberi** リィ アルベリ
s ＋子音 あるいは z から始まる男性名詞	**gli studenti** リィ ストゥデンティ

centosette
チェントセッテ

形容詞

形容詞は，原則として修飾する名詞の後ろに置かれ，名詞の性・数に一致して語尾が変化します．

形容詞には，語尾が -o で終わるもの（alto [アルト]「背の高い」，lungo [ルンゴ]「長い」）と，語尾が -e で終わるもの（difficile [ディッフィーチレ]「難しい」，gentile [ジェンティーレ]「親切な」）があります．前者は下の表の左に見られるように，名詞の性・数に一致して4通りに変化し，後者は下の表の右にあるように男性・女性の区別がなく単数なら -e，複数なら -i となります．

形容詞の語尾の変化は名詞の語尾の変化ときわめてよく似ています．右の図式は名詞のときに見たものと同じですね．ただし，形容詞の語尾は名詞の語尾の形と一致するのではなく，あくまでも名詞の性・数と一致することに注意しなければなりません．

語尾が	-o		-e
	男性	女性	男性／女性
単数	o	a	e
複数	i	e	i

語尾が -o で終わる形容詞は，人や物（名詞）の**性・数**にあわせて語尾が変化します．

un ragazzo alt**o** ウン ラガッツォ アルト 1人の背の高い少年	una ragazza alt**a** ウーナ ラガッツァ アルタ 1人の背の高い少女
due ragazzi alt**i** ドゥーエ ラガッツィ アルティ 2人の背の高い少年	due ragazze alt**e** ドゥーエ ラガッツェ アルテ 2人の背の高い少女

語尾が -e で終わる形容詞は，人や物（名詞）の**数**にあわせて語尾が変化しますが，男性形・女性形の区別はありません．

un ragazzo gentile ウン ラガッツォ ジェンティーレ 1人の親切な少年	una ragazza gentile ウーナ ラガッツァ ジェンティーレ 1人の親切な少女
due ragazzi gentili ドゥーエ ラガッツィ ジェンティーリ 2人の親切な少年	due ragazze gentili ドゥーエ ラガッツェ ジェンティーリ 2人の親切な少女

所有形容詞

所有形容詞は「〜の」という意味を示すもので，修飾される名詞の性・数に一致して語尾変化します（ほとんどが一般の形容詞と同じ語尾変化となります，ただし「loro（彼らの）」については無変化です）．また英語などとは異なり，所有形容詞があっても冠詞が必要なので気をつけてください．

修飾される名詞が / 所有する人が	男性名詞 単数	男性名詞 複数	女性名詞 単数	女性名詞 複数
io（私の）	mio ミーオ	miei ミエーイ	mia ミーア	mie ミーエ
tu（君の）	tuo トゥーオ	tuoi トゥオーイ	tua トゥーア	tue トゥーエ
lui/lei（彼の，彼女の）	suo スーオ	suoi スオーイ	sua スーア	sue スーエ
Lei（あなたの〔敬称〕）	Suo スーオ	Suoi スオーイ	Sua スーア	Sue スーエ
noi（私たちの）	nostro ノストロ	nostri ノストリ	nostra ノストラ	nostre ノストレ
voi（君たちの）	vostro ヴォストロ	vostri ヴォストリ	vostra ヴォストラ	vostre ヴォストレ
loro（彼らの，彼女たちの）	loro ローロ	loro ローロ	loro ローロ	loro ローロ

il tuo bagaglio イル トゥーオ バガッリィオ 君のカバン（単数）	la tua valigia ラ トゥーア ヴァリージャ 君のスーツケース（単数）
i tuoi bagagli イ トゥオーイ バガッリィ 君のカバン（複数）	le tue valige レ トゥーエ ヴァリージェ 君のスーツケース（複数）

文法編

centonove
チェントノーヴェ

※例えば，la sua macchina [ラ　スーア　マッキナ] は，「彼の車」なのか「彼女の車」なのかこれだけではわからないので，文脈から判断しなければなりません．la sua というように女性形となっているからといって「彼女の〜」と考えてはいけません（イタリア語には英語の *his* と *her* の区別がありません）．所有形容詞は，あくまでも修飾する名詞（ここでは macchina が女性名詞）の性・数に一致するので気をつけてください．

※所有形容詞は原則として修飾する名詞の前に置かれますが，普通の形容詞と同様，修飾する名詞の後ろに置くこともできます（強調用法）．

la nostra villa	la villa nostra
ラ　ノストラ　ヴィッラ	ラ　ヴィッラ　ノストラ
私たちの別荘	私たちの別荘

※単数の親族名詞に所有形容詞をつける場合は，定冠詞をつけてはいけません．

la madre	mia madre	il fratello	Suo fratello
ラ　マードレ	ミーア　マードレ	イル　フラテッロ	スーオ　フラテッロ
母	私の母	兄	あなたの兄

Questa estate **mio padre** va in America con **mia sorella**.
クエスタ　エスターテ　ミーオ　パードレ　ヴァ　イナメーリカ　コン　ミーア　ソレッラ
この夏，（私の）父は（私の）妹といっしょにアメリカに行きます．

数詞

基数

一般的な数を表現するために用いられます（1を除いて名詞の性・数による変化はありません）.

1	uno	[ウーノ]		23	ventitré	[ヴェンティトレ]
2	due	[ドゥーエ]		28	ventotto	[ヴェントット]
3	tre	[トレ]		30	trenta	[トレンタ]
4	quattro	[クワットロ]		40	quaranta	[クワランタ]
5	cinque	[チンクエ]		50	cinquanta	[チンクワンタ]
6	sei	[セーイ]		60	sessanta	[セッサンタ]
7	sette	[セッテ]		70	settanta	[セッタンタ]
8	otto	[オット]		80	ottanta	[オッタンタ]
9	nove	[ノーヴェ]		90	novanta	[ノヴァンタ]
10	dieci	[ディエーチ]		100	cento	[チェント]
11	undici	[ウンディチ]		101	centouno	[チェントウーノ]
12	dodici	[ドーディチ]		200	duecento	[ドゥエチェント]
13	tredici	[トレディチ]		300	trecento	[トレチェント]
14	quattordici	[クワットルディチ]				
15	quindici	[クインディチ]		1000	mille	[ミッレ]
16	sedici	[セーディチ]		2000	duemila	[ドゥエミーラ]
17	diciassette	[ディチャッセッテ]		3000	tremila	[トレミーラ]
18	diciotto	[ディチョット]				
19	diciannove	[ディチャンノーヴェ]		10000	diecimila	[ディエチミーラ]
20	venti	[ヴェンティ]		100000	centomila	[チェントミーラ]
21	ventuno	[ヴェントゥーノ]		1000000	un milione	[ウン ミリオーネ]
22	ventidue	[ヴェンティドゥーエ]		0	zero	[ゼーロ]

※このうち uno は不定冠詞としての働きも持っています（したがって，女性名詞につける場合は una[ウーナ] となります（不定冠詞 P106 参照）.

※数詞は基本的にすべて続けて書かれます.

    2745 = duemilasettecentoquarantacinque
          ドゥエミーラセッテチェントクワランタチンクエ

※ 21 や 28 のように 1 の位が母音で始まっているときは，10 の位の最後の母音がなくなります.

centoundici
チェントウンディチ

序数

「第1の」,「第2の」というように,序列や順番を表現するためのものです.表記の上では1°,2°のように書いたり,ローマ数字(Ⅰ,Ⅱ)を用いることもあります.

1	primo	[プリーモ]	9	nono	[ノーノ]
2	secondo	[セコンド]	10	decimo	[デーチモ]
3	terzo	[テルツォ]	11	undicesimo	[ウンディチェージモ]
4	quarto	[クワルト]	12	dodicesimo	[ドディチェージモ]
5	quinto	[クイント]	20	ventesimo	[ヴェンテージモ]
6	sesto	[セスト]	30	trentesimo	[トレンテージモ]
7	settimo	[セッティモ]	100	centesimo	[チェンテージモ]
8	ottavo	[オッターヴォ]	1000	millesimo	[ミッレージモ]

数字に関連した様々な表現

【時刻 1】

Che ora è?
ケ オーラ エ
何時ですか.

È l'una.　　　　　　　　　　1時です.
エ ルーナ

Sono le due.　　　　　　　　2時です.
ソーノ レ ドゥーエ

Sono le otto e cinque.　　　　8時5分です.
ソーノ レ オット エ チンクエ

Sono le dieci e mezzo.　　　10時半です.
ソーノ レ ディエーチ エ メッソ

※動詞 essere は,1時のときだけ単数形の è を,それ以外は複数形の sono を用います.定冠詞の le(1時のときは l')の後に数字をつけることで「〜時」という意味になります.さらに分の単位をいう場合は接続詞 e の後に続けてください.

【時刻 2】

A che ora comincia?　　Comincia all'una.　　　　　　　　1時です.
ア ケ オーラ コミンチャ　　コミンチャ　アッルーナ
何時に始まりますか.　　Comincia alle sette e quaranta.　　7時40分です.
　　　　　　　　　　コミンチャ アッレ セッテ エ クワランタ

※1時のときだけ all'una となりますが,それ以外は alle +[数詞]で「〜時に」という意味になります.上と同様に,さらに分の単位をいう場合は接続詞 e の後につづけてください(all' および alle については前置詞の項(P119)を参照してください).

【日付】

▶何月何日　　il + 数詞 + 月の名前

il dieci settembre　　9月10日
イル　ディエーチ　セッテンブレ

※月の初めの日（1日）のみ il primo と序数で言わなければなりません．

il primo maggio　　5月1日
イル　プリーモ　マッジョ

※年号を言う場合も定冠詞 il が必要です．

Sono nato il sette febbraio del 1975.
ソーノ　ナート　イル　セッテ　フェッブラーイオ　デル　ミッレノヴェチェントセッタンタチンクエ
私は1975年の2月7日に生まれました．

【序数を用いた表現】

▶建物の階を示すとき

il primo piano	2階	al primo piano	2階に
イル　プリーモ　ピアーノ		アル　プリーモ　ピアーノ	
il secondo piano	3階	al secondo piano	3階に
イル　セコンド　ピアーノ		アル　セコンド　ピアーノ	
il terzo piano	4階	al terzo piano	4階に
イル　テルツォ　ピアーノ		アル　テルツォ　ピアーノ	

※「1階」は il pianterreno [イル　ピアンテッレーノ]（「1階に」al pianterreno [アル　ピアンテッレーノ]）となります．これは「地面の階」という意味です．イタリアでは日本でいう2階から「第1の」「第2の」と数えはじめます．

▶料理のカテゴリーについて

il primo piatto　　プリモピアット（第1の料理▶パスタやスープなど）
イル　プリーモ　ピアット

il secondo piatto　　セコンドピアット（第2の料理▶肉類あるいは魚介類）
イル　セコンド　ピアット

暦：月，季節，曜日

※ (f) のついた単語は女性名詞です．
※ いずれも小文字から書き始める（大文字は使わない）ことに注意してください．

1月	**gennaio**	ジェンナーイオ
2月	**febbraio**	フェッブラーイオ
3月	**marzo**	マルツォ
4月	**aprile**	アプリーレ
5月	**maggio**	マッジョ
6月	**giugno**	ジョーニョ
7月	**luglio**	ルッリィオ
8月	**agosto**	アゴスト
9月	**settembre**	セッテンブレ
10月	**ottobre**	オットーブレ
11月	**novembre**	ノヴェンブレ
12月	**dicembre**	ディチェンブレ

春	**primavera** (f)	プリマヴェーラ
夏	**estate** (f)	エスターテ
秋	**autunno**	アウトゥンノ
冬	**inverno**	インヴェルノ

月曜日	**lunedì**	ルネディ
火曜日	**martedì**	マルテディ
水曜日	**mercoledì**	メルコレディ
木曜日	**giovedì**	ジョヴェディ
金曜日	**venerdì**	ヴェネルディ
土曜日	**sabato**	サーバト
日曜日	**domenica** (f)	ドメーニカ

centoquattordici
チェントクワットルディチ

国や都市の名前と，その形容詞

イタリア	**Italia** イターリア	イタリアの (イタリア人)	**italiano** イタリアーノ
フランス	**Francia** フランチャ	フランスの (フランス人)	**francese** フランチェーゼ
イギリス	**Inghilterra** イングィルテッラ	イギリスの (イギリス人)	**inglese** イングレーゼ
ドイツ	**Germania** ジェルマーニア	ドイツの (ドイツ人)	**tedesco** テデスコ
スペイン	**Spagna** スパーニャ	スペインの (スペイン人)	**spagnolo** スパニョーロ
アメリカ	**America** アメーリカ	アメリカの (アメリカ人)	**americano** アメリカーノ
日本	**Giappone** ジャッポーネ	日本の (日本人)	**giapponese** ジャッポネーゼ
中国	**Cina** チーナ	中国の (中国人)	**cinese** チネーゼ

ローマ	**Roma** ローマ	ローマの	**romano** ロマーノ
ミラノ	**Milano** ミラーノ	ミラノの	**milanese** ミラネーゼ
フィレンツェ	**Firenze** フィレンツェ	フィレンツェの	**fiorentino** フィオレンティーノ
ヴェネツィア	**Venezia** ヴェネーツィア	ヴェネツィアの	**veneziano** ヴェネツィアーノ
ナポリ	**Napoli** ナーポリ	ナポリの	**napoletano** ナポレターノ
シチリア	**Sicilia** シチーリア	シチリアの	**siciliano** シチリアーノ

※いずれも形容詞はすべて小文字で書くことに注意してください．

centoquindici チェントクインディチ

代名詞

イタリア語の代名詞は基本的に動詞の直前に置かれます。

直接代名詞

動詞（他動詞）の直接目的語で，おおむね日本語の「〜を」にあたります。

▶ 前出の事物「それ，それら」を指示する場合，その事物の性・数にしたがって右のような形になります。

	男性	女性
単数	lo ロ	la ラ
複数	li リ	le レ

Mario compra un fiore e lo regala a Virginia.
マーリオ コンプラ ウン フィオーレ エ ロ レガーラ ア ヴィルジーニア
マリオは花を買い，**それを**ヴィルジーニアに贈ります。

※ un fiore「花」が単数の男性名詞のため lo で受けています。

▶ 前出の人を指示する場合，次のような形になります。

私を	mi [ミ]	私たちを	ci [チ]
君を	ti [ティ]	君たちを	vi [ヴィ]
彼を	lo [ロ]	彼らを	li [リ]
彼女を	la [ラ]	彼女たちを	le [レ]
あなたを（敬称）	La [ラ]		

Maria (non) mi invita a cena.   マリアは私を夕食に招待します（しません）。
マリーア ノン ミ インヴィータ ア チェーナ

※ 否定辞の non は代名詞の前に置きます。

間接代名詞

動詞（自動詞，他動詞）の間接目的語で，おおむね日本語の「〜に」にあたります。

▶ 前出の人を指示して，次のような形になります。

Maria (non) mi spedisce una cartolina.
マリーア ノン ミ スペディッシェ ウーナ カルトリーナ
マリアは私に絵葉書を送ります（送りません）。

centosedici
チェントセーディチ

私に	mi	[ミ]	私たちに	ci	[チ]
君に	ti	[ティ]	君たちに	vi	[ヴィ]
彼に	gli	[リィ]	彼ら		
彼女に	le	[レ]	（彼女たち）に	gli	[リィ]
あなたに（敬称）	Le	[レ]			

※否定辞の non は代名詞の前に置きます.

※ potere, volere などの後に動詞の原形がある場合は，potere, volere などの前に置かれるか，動詞の原形の直後に（動詞の語尾の母音 e をとって）つけられます.

Mi vuoi scrivere?　　私に手紙を書いてくれますか.
ミ　ヴオーイ　スクリーヴェレ

Vuoi scriver**mi**?　　私に手紙を書いてくれますか.
ヴオーイ　スクリーヴェルミ

副詞

副詞には性・数の一致や活用がありません．代表的なものに次のようなものがあります．

※時を表わす副詞　　oggi　[オッジ]　今日　　domani　[ドマーニ]　明日
　　　　　　　　　ieri　[イエーリ]　昨日　　adesso　[アデッソ]　今
※場所を表わす副詞　qui　[クイ]　ここ　　là　[ラ]　あそこ

【形容詞から派生した副詞の作り方】

※語尾が -o で終わる形容詞は，語尾の -o を -a に変えて，-mente をつけます．

　　certo　　確かな　▶　certa**mente**　　確かに
　　チェルト　　　　　　　チェルタメンテ

※語尾が -e で終わる形容詞は，そのまま語尾に -mente をつけます．

　　semplice　単純な　▶　semplice**mente**　単純に
　　センプリチェ　　　　　　センプリチェメンテ

※語尾が -le, -re で終わる形容詞は，語尾の -e を落として，-mente をつけます．

　　facile　　簡単な　▶　facil**mente**　　簡単に
　　ファーチレ　　　　　　ファチルメンテ

文法編

centodiciassette
チェントディチャッセッテ

前置詞

語句と語句を接着剤のように結びつける前置詞は，単純な文章からより複雑な表現へと進むために欠くことのできない存在です．以下に比較的頻繁に用いられる重要な前置詞の代表的な用例をあげておきます．辞書などによって様々な使い方を少しずつ覚えていってください（簡単な目安として英語の前置詞を併記していますが，まったく同じものではないので気をつけてください）．

di （英 *of* ）　▶ Questa è la bicicletta *di* Mario.
ディ
〜の　　　これはマリオの自転車です．

a （英 *to, at*）　▶ Voglio regalare questi fiori *a* Donatella.
ア
〜に　　　これらの花をドナテッラにプレゼントしたい．

da （英 *from*）　▶ Andiamo *da* Roma a Firenze.
ダ
〜から　　私たちはローマからフィレンツェに行きます．

in （英 *in*）　▶ C'è una chiave *in* questa borsa.
イン
〜の中に　このカバンの中に鍵が1つあります．

su （英 *on*）　▶ Ci sono due penne *su* questo tavolo.
ス
〜の上に　この机の上にペンが2本あります．

sotto （英 *under*）　▶ Passa un cane *sotto* la finestra.
ソット
〜の下に　窓の下を1匹の犬が通っていきます．

con （英 *with*）　▶ Vuole venire *con* noi?
コン
〜とともに　私たちといっしょにいらっしゃいますか．

per （英 *for*）　▶ Compro una medicina *per* mia madre.
ペル
〜のために　私は母のために薬を買います．

※気をつけておきたい前置詞の用法 ▶ 場所について「〜に」

▶都市　　　　　　**a** ▶ Vado **a** Roma.　　私はローマに行きます．

▶国，地方，島　　**in** ▶ Vado **in** Italia.　　私はイタリアに行きます．

118　centodiciotto
チェントディチョット

前置詞の結合形

以下の5つの前置詞は，その直後に定冠詞が続く場合，定冠詞と結び付いて一語になります．

前置詞＼冠詞	男性単数 *il*	*l'*	*lo*	男性複数 *i*	*gli*
di	del	dell'	dello	dei	degli
a	al	all'	allo	ai	agli
da	dal	dall'	dallo	dai	dagli
in	nel	nell'	nello	nei	negli
su	sul	sull'	sullo	sui	sugli

前置詞＼冠詞	女性単数 *la*	*l'*	女性複数 *le*
di	della	dell'	delle
a	alla	all'	alle
da	dalla	dall'	dalle
in	nella	nell'	nelle
su	sulla	sull'	sulle

例▶

il nome
イル ノーメ
名前

di
ディ
〜の

lo studente
ロ ストゥデンテ
学生

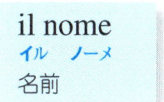

il nome **dello** studente
イル ノーメ デッロ ストゥデンテ
学生の名前

andare
アンダーレ
行く

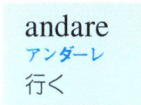

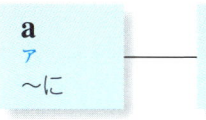

a
ア
〜に

l'aeroporto
ラエロポルト
空港

andare **all'**aeroporto
アンダーレ アッラエラポルト
空港に行く

Arrivo **alla** stazione **alle** nove di mattina.
アッリーヴォ アッラ スタツィオーネ アッレ ノーヴェ ディ マッティーナ
私は朝の9時に駅に着きます．

centodiciannove
チェントディチャンノーヴェ

動詞の活用

イタリア語文法において，動詞は文の骨組みとなる最も重要な要素です．とりわけ，英語・仏語・独語などとは異なり，主語を省略することが多い（あえて言う必要がない）ため，動詞の活用をしっかりと覚えておかなければなりません．すでに動詞 essere（P19）および avere（P26）については，すべての人称の活用を学びましたが，そこで見てきたようにイタリア語の動詞は主語（人称・数）にあわせて語尾の形が変化します．

規則動詞（現在形）

イタリア語の動詞の大半は規則的な活用をする規則動詞です．規則動詞は原形の語尾の形によって，ARE 動詞（アーレ動詞），ERE 動詞（エーレ動詞），IRE 動詞（イーレ動詞）の3つに大別されます．

【① ARE 動詞】 CANTARE 歌う
カンターレ

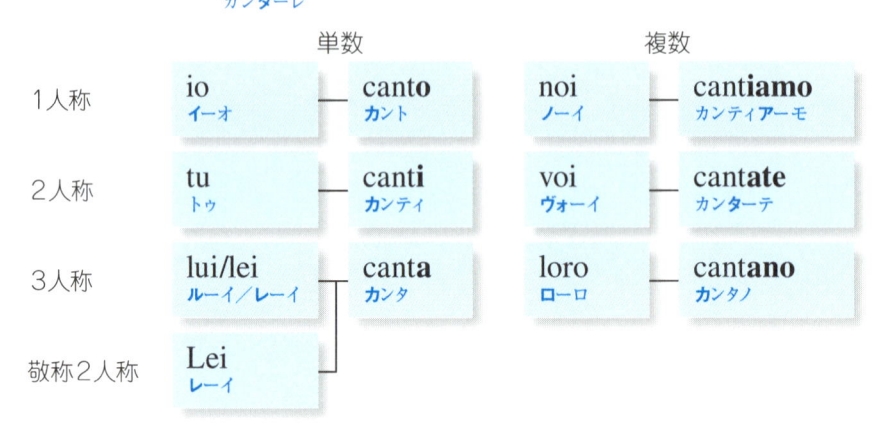

	単数		複数	
1人称	io (イーオ)	cant**o** (カント)	noi (ノーイ)	cant**iamo** (カンティアーモ)
2人称	tu (トゥ)	cant**i** (カンティ)	voi (ヴォーイ)	cant**ate** (カンターテ)
3人称	lui/lei (ルーイ／レーイ)	cant**a** (カンタ)	loro (ローロ)	cant**ano** (カンタノ)
敬称2人称	Lei (レーイ)			

▶ ARE 動詞の仲間

comprare Compro questa giacca.
コンプラーレ　　コンプロ　クエスタ　ジャッカ
買う　　　　　　私はこのジャケットを買います．

lavorare Il signor Yamada lavora in una banca.
ラヴォラーレ　　イル　シニョール　ヤマダ　ラヴォーラ　イヌーナ　バンカ
働く　　　　　　山田さんは銀行に勤めています．

120 centoventi
チェントヴェンティ

abitare	Abitiamo a Roma da tre anni.
住む	私たちは3年前からローマに住んでいます．

【② ERE 動詞】CREDERE　信じる

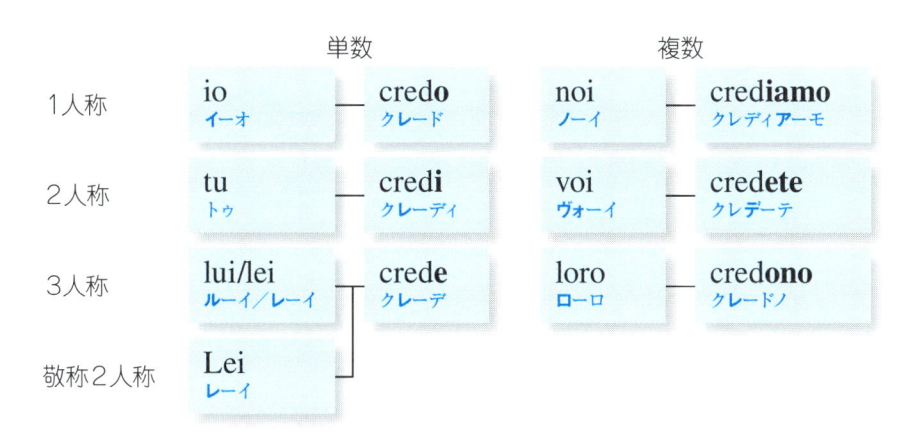

	単数		複数	
1人称	io	cred**o**	noi	cred**iamo**
2人称	tu	cred**i**	voi	cred**ete**
3人称	lui/lei	cred**e**	loro	cred**ono**
敬称2人称	Lei			

▶ ERE 動詞の仲間

prendere	Prendete l'autobus o il taxi?
とる，乗る	君たちはバスに乗りますか，それともタクシーに乗りますか．
vedere	Vediamo il nuovo film di Spielberg.
見る	私たちはスピルバーグの新作映画を見ます．

※これらの動詞は本来は不規則動詞ですが，本書の文法範囲では規則動詞と考えてかまいません．

【③ IRE 動詞】

「標準型」と「isc 型」の2種類の活用があります．それぞれの動詞がどちらの活用をとるかは辞書などで確認しなければなりません（ただし，多くの場合，isc 型では語尾 -ire の前に子音が1つだけあるか，母音があると覚えておけばいいでしょう）．

▶標準型　**SENTIRE**　感じる
センティーレ

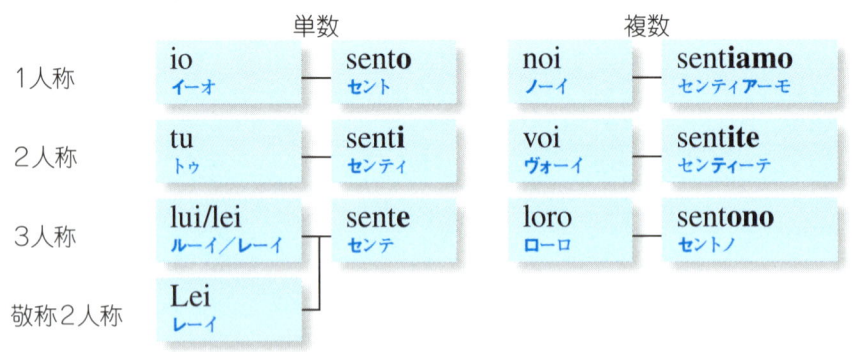

	単数		複数	
1人称	io イーオ	sent**o** セント	noi ノーイ	sent**iamo** センティアーモ
2人称	tu トゥ	sent**i** センティ	voi ヴォーイ	sent**ite** センティーテ
3人称	lui/lei ルーイ／レーイ	sent**e** センテ	loro ローロ	sent**ono** セントノ
敬称2人称	Lei レーイ			

IRE 動詞（標準型）の仲間

dormire　Di solito dormo fino alle otto.
ドルミーレ　　ディ　ソーリト　ドルモ　フィーノ　アッレ　オット
眠る　　　　　私はいつもは8時まで寝ています．

▶ISC 型　**CAPIRE**　理解する
カピーレ

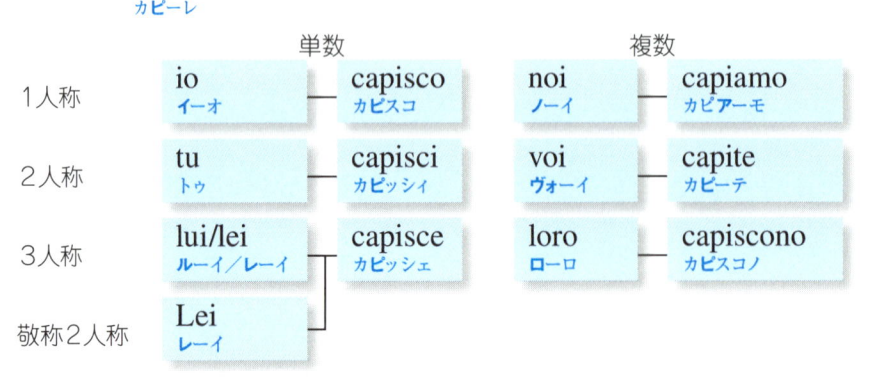

	単数		複数	
1人称	io イーオ	capisco カピスコ	noi ノーイ	capiamo カピアーモ
2人称	tu トゥ	capisci カピッシィ	voi ヴォーイ	capite カピーテ
3人称	lui/lei ルーイ／レーイ	capisce カピッシェ	loro ローロ	capiscono カピスコノ
敬称2人称	Lei レーイ			

IRE 動詞（ISC 型）の仲間

capire　　Non capisco niente!
カピーレ　　ノン　カピスコ　ニエンテ
理解する　　私は何もわかりません．

finire　　Finisco il lavoro molto tardi.
フィニーレ　　フィニスコ　イル　ラヴォーロ　モルト　タルディ
終える　　　私はとても遅く仕事を終えます．

centoventidue
チェントヴェンティドゥーエ

未来形

未来形の変化はかなり規則的で覚えやすいものです．いずれの動詞も語幹に -rò, -rai, -rà, -remo, -rete, -ranno をつければOKです．アクセントをつける必要があるもの（1人称・3人称単数）に注意してください．

動詞	ESSERE	AVERE
io	sarò サロ	avrò アヴロ
tu	sarai サラーイ	avrai アヴラーイ
lui/lei/Lei	sarà サラ	avrà アヴラ
noi	saremo サレーモ	avremo アヴレーモ
voi	sarete サレーテ	avrete アヴレーテ
loro	saranno サランノ	avranno アヴランノ

動詞	CANTARE	CREDERE	SENTIRE
io	canterò カンテロ	crederò クレデロ	sentirò センティロ
tu	canterai カンテラーイ	crederai クレデラーイ	sentirai センティラーイ
lui/lei/Lei	canterà カンテラ	crederà クレデラ	sentirà センティラ
noi	canteremo カンテレーモ	crederemo クレデレーモ	sentiremo センティレーモ
voi	canterete カンテレーテ	crederete クレデレーテ	sentirete センティレーテ
loro	canteranno カンテランノ	crederanno クレデランノ	sentiranno センティランノ

※ ARE動詞の語幹が cante (-rò) となることに注意してください．

不規則動詞の活用

Track 85

原形	私が io イーオ	君が tu トゥ	彼/彼女が lui/lei ルーイ/レーイ あなたが（敬称） Lei レーイ
andare アンダーレ 行く	**vado** ヴァード	**vai** ヴァーイ	**va** ヴァ
	Vado un attimo al bagno. ヴァード　ウナッティモ　アル　バーニョ		
dare ダーレ あたえる	**do** ド	**dai** ダーイ	**dà** ダ
	Mi **dà** il suo indirizzo? ミ　ダ　イル　スーオ　インディリッツォ		
dire ディーレ 言う	**dico** ディーコ	**dici** ディーチ	**dice** ディーチェ
	Dici sul serio? ディーチ　スル　セーリオ		
dovere ドヴェーレ 〜しなければ ならない	**devo** デーヴォ	**devi** デーヴィ	**deve** デーヴェ
	Devo finire questo lavoro. デーヴォ　フィニーレ　クエスト　ラヴォーロ		
fare ファーレ する, つくる	**faccio** ファッチョ	**fai** ファーイ	**fa** ファ
	Facciamo una festa domenica prossima. ファッチャーモ　ウーナ　フェスタ　ドメーニカ　　プロッシマ		

不規則動詞の中でも比較的頻繁に用いられるものを選んであります．早見表として使えるようになっていますが，できれば覚えてしまったほうがいいでしょう（過去分詞も不規則な形になるものは**太字**で示してあります）．

私たちが noi ノーイ	君たちが voi ヴォーイ	彼らが loro ローロ	過去分詞
andiamo アンディアーモ	**andate** アンダーテ	**vanno** ヴァンノ	andato アンダート
ちょっとトイレに行ってくるよ．			
diamo ディアーモ	**date** ダーテ	**danno** ダンノ	dato ダート
あなたの住所を教えてくれますか．			
diciamo ディチャーモ	**dite** ディーテ	**dicono** ディーコノ	**detto** デット
本気で言っているのかい？			
dobbiamo ドッビアーモ	**dovete** ドヴェーテ	**devono** デーヴォノ	dovuto ドヴート
この仕事を終えなければならないんだ．			
facciamo ファッチャーモ	**fate** ファーテ	**fanno** ファンノ	**fatto** ファット
次の日曜日にパーティーを開きます．			

文法編

centoventicinque　**125**
チェントヴェンティ**チ**ンクエ

	io	tu	lui/lei/Lei
potere ポテーレ 〜できる	**posso** ポッソ	**puoi** プオーイ	**può** プオ
	Potete spedire questo pacco in Giappone? ポテーテ スペディーレ クエスト パッコ イン ジャッポーネ		
rimanere リマネーレ とどまる	**rimango** リマンゴ	**rimani** リマーニ	**rimane** リマーネ
	Non voglio uscire, **rimango** a casa. ノン ヴォッリィオウッシィーレ リマンゴ ア カーサ		
sapere サペーレ 知っている，知る	**so** ソ	**sai** サーイ	**sa** サ
	Sai quando comincia? — No, non lo **so**. サーイ クワンド コミンチャ ノ ノン ロ ソ		
stare スターレ いる，ある	**sto** スト	**stai** スターイ	**sta** スタ
	Il mio ufficio **sta** in centro (nel centro di Tokyo). イル ミーオ ウッフィーチョ スタ イン チェントロ ネル チェントロ ディ トーキョ		
uscire ウッシィーレ 外出する	**esco** エスコ	**esci** エッシィ	**esce** エッシェ
	Marco **esce** di casa molto presto. マルコ エッシェ ディ カーサ モルト プレスト		
venire ヴェニーレ 来る	**vengo** ヴェンゴ	**vieni** ヴィエーニ	**viene** ヴィエーネ
	Viene con noi? ヴィエーネ コン ノーイ		
volere ヴォレーレ 〜を望む	**voglio** ヴォッリィオ	**vuoi** ヴオーイ	**vuole** ヴオーレ
	Vogliamo cancellare la prenotazione. ヴォッリィアーモ カンチェッラーレ ラ プレノタツィオーネ		

noi	voi	loro	過去分詞
possiamo ポッシアーモ	**potete** ポテーテ	**possono** ポッソノ	potuto ポトゥート
この小包を日本に送ってもらえますか.			
rimaniamo リマニアーモ	**rimanete** リマネーテ	**rimangono** リマンゴノ	rimasto リマスト
外出したくないんだ,家に残るよ.			
sappiamo サッピアーモ	**sapete** サペーテ	**sanno** サンノ	saputo サプート
いつ始まるか知ってるかい. — いいや,知らないよ.			
stiamo スティアーモ	**state** スターテ	**stanno** スタンノ	stato スタート
私の会社は(東京の)中心地にあります.			
usciamo ウッシャーモ	**uscite** ウッシィーテ	**escono** エスコノ	uscito ウッシィート
マルコはとても早く家を出ます.			
veniamo ヴェニアーモ	**venite** ヴェニーテ	**vengono** ヴェンゴノ	venuto ヴェヌート
私たちといっしょにいらっしゃいますか.			
vogliamo ヴォッリィアーモ	**volete** ヴォレーテ	**vogliono** ヴォッリィオノ	voluto ヴォルート
私たちは予約をキャンセルしたいのです.			

文法編

centoventisette
チェントヴェンティセッテ

不規則な過去分詞

比較的よく用いられる動詞のうち，現在形の活用（P120〜122参照）は規則的なのに過去分詞が不規則となるものをあげてあります．

[avere + 過去分詞] で過去形を作る動詞（P90参照）

aprire アプリーレ 開く	▶	**aperto** アペルト Ho aperto la finestra. オ アペルト ラ フィネーストラ 私は窓を開けた．
chiudere キウーデレ 閉める	▶	**chiuso** キウーソ Non avete chiuso la porta? ノナヴェーテ キウーソ ラ ポルタ 君たちはドアを閉めなかったのですか．
leggere レッジェレ 読む	▶	**letto** レット Mario ha letto il giornale. マーリオ ア レット イル ジョルナーレ マリオは新聞を読んだ．
mettere メッテレ 置く	▶	**messo** メッソ Ho messo la borsa sul tavolo. オ メッソ ラ ボルサ スル ターヴォロ 私はカバンを机の上に置いた．
offrire オッフリーレ 提供する，おごる	▶	**offerto** オッフェルト Silvio mi ha offerto un caffè. シルヴィオ ミ ア オッフェルト ウン カッフェ シルヴィオがコーヒーをごちそうしてくれた．
perdere ペルデレ 失う	▶	**perso** ペルソ Abbiamo perso il treno. アッビアーモ ペルソ イル トレーノ 私たちは電車に乗り遅れた．

prendere プレンデレ とる	▶	**preso** プレーソ Ho preso la metropolitana. オ プレーソ ラ メトロポリターナ 私は地下鉄に乗りました.
scrivere スクリーヴェレ 書く	▶	**scritto** スクリット Maria ha scritto una lettera a sua madre. マリーア ア スクリット ウーナ レッテラ ア スーア マードレ マリアは母親に手紙を書いた.
spendere スペンデレ 費やす	▶	**speso** スペーソ Abbiamo speso tanti soldi per la casa. アッビアーモ スペーソ タンティ ソルディ ペル ラ カーサ 私たちは家のために多額を費やした.
vincere ヴィンチェレ 勝つ	▶	**vinto** ヴィント La Juventus ha vinto la partita. ラ ユーヴェントゥス ア ヴィント ラ パルティータ ユーヴェントスが試合に勝った.

[essere + 過去分詞] で過去形を作る動詞（P94 参照）

Track 87

morire モリーレ 死ぬ	▶	**morto** モルト È morto il suo cane. エ モルト イル スーオ カーネ 彼（彼女）の犬は死んでしまった.
nascere ナッシェレ 生まれる	▶	**nato** ナート Sono nato il 20 (venti) ottobre. ソーノ ナート イル ヴェンティ オットーブレ 私は 10 月 20 日に生まれました.
rimanere リマネーレ とどまる	▶	**rimasto** リマスト Sono rimasto a casa tutto il giorno. ソーノ リマスト ア カーサ トゥット イル ジョルノ 私は一日中家にとどまった.
scendere シェンデレ 降りる	▶	**sceso** シェーソ A Firenze sono sceso dal treno. ア フィレンツェ ソーノ シェーソ ダル トレーノ 私はフィレンツェで電車を降りた.

文法編

centoventinove
チェントヴェンティノーヴェ

ヴィジュアル
イタリア語

Track 88

la CASA 家
ラ　　カーサ

il tetto イル テット 屋根

la finestra ラ フィネーストラ 窓

la camera da letto ラ カーメラ ダ レット 寝室

la scala ラ スカーラ 階段

il letto イル レット ベッド

la porta ラ ポルタ ドア

il soggiorno イル ソッジョルノ 居間（リビング）

la sala da pranzo ラ サーラ ダ プランツォ 食堂（ダイニング）

la sedia ラ セーディア 椅子

la poltrona ラ ポルトローナ ソファ

il televisore イル テレヴィゾーレ テレビ

la tavola ラ ターヴォラ テーブル（食卓）

130　**centotrenta**
チェントトレンタ

la CUCINA 台所（キッチン）
ラ　クチーナ

l'aceto ラチェート ビネガー（酢）

l'olio ローリオ （オリーブ）オイル

il pepe イル ペペ コショウ

il coltello イル コルテッロ ナイフ

il vino イル ヴィーノ ワイン

il piatto イル ピアット 皿

il sale イル サーレ 塩

lo zucchero ロ ツッケロ 砂糖

la birra ラ ビッラ ビール

il cucchiaio イル クッキアーイオ スプーン

la tazza ラ タッツァ カップ

il bicchiere イル ビッキエーレ コップ（グラス）

la forchetta ラ フォルケッタ フォーク

la pentola ラ ペントラ ナベ

ヴィジュアル イタリア語

centotrentuno チェントトレントゥーノ
131

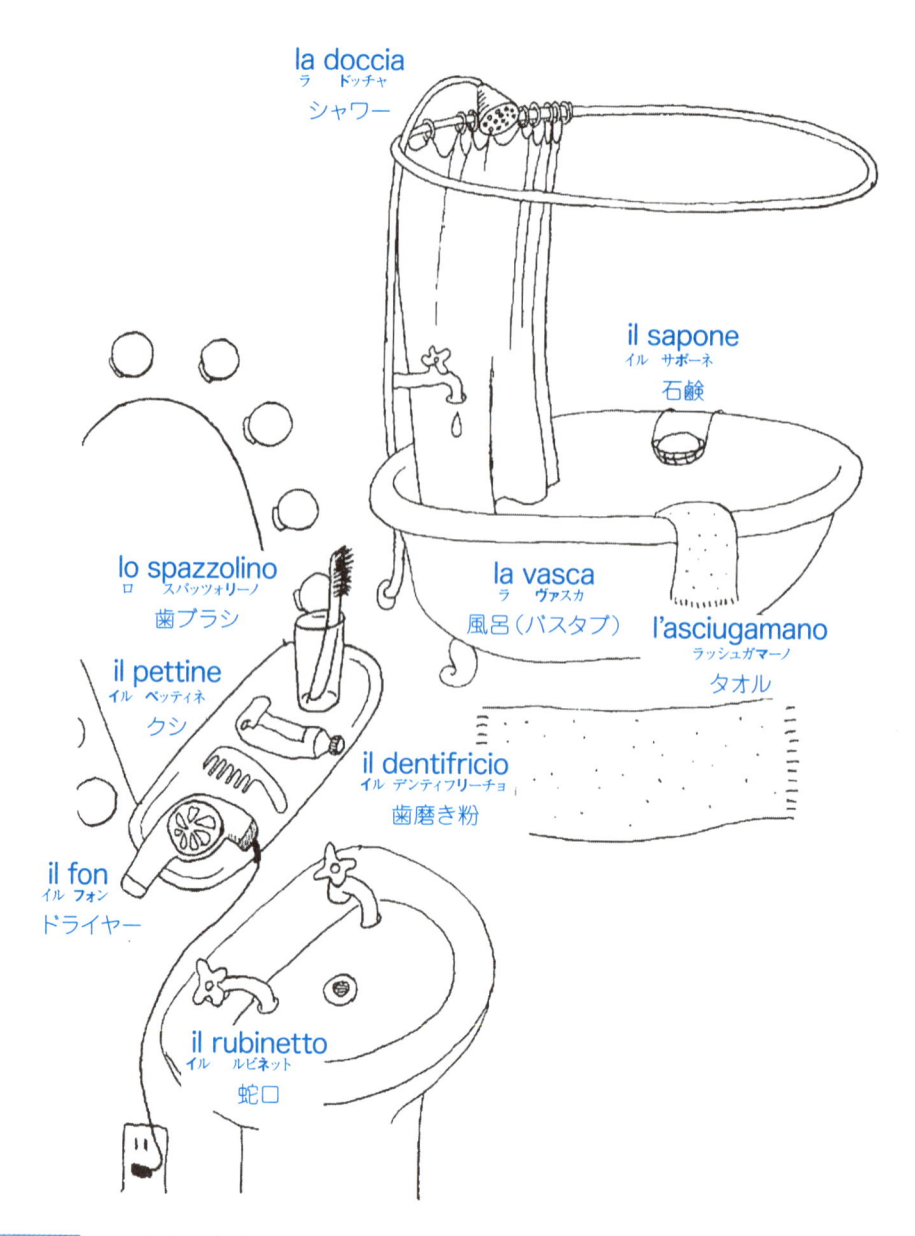

il BAGNO 浴室（バスルーム）
イル　　バーニョ

la doccia
ラ　ドッチャ
シャワー

il sapone
イル　サポーネ
石鹸

lo spazzolino
ロ　スパッツォリーノ
歯ブラシ

la vasca
ラ　ヴァスカ
風呂（バスタブ）

l'asciugamano
ラッシュガマーノ
タオル

il pettine
イル　ペッティネ
クシ

il dentifricio
イル　デンティフリーチョ
歯磨き粉

il fon
イル　フォン
ドライヤー

il rubinetto
イル　ルビネット
蛇口

centotrentadue
チェントトレンタドゥーエ

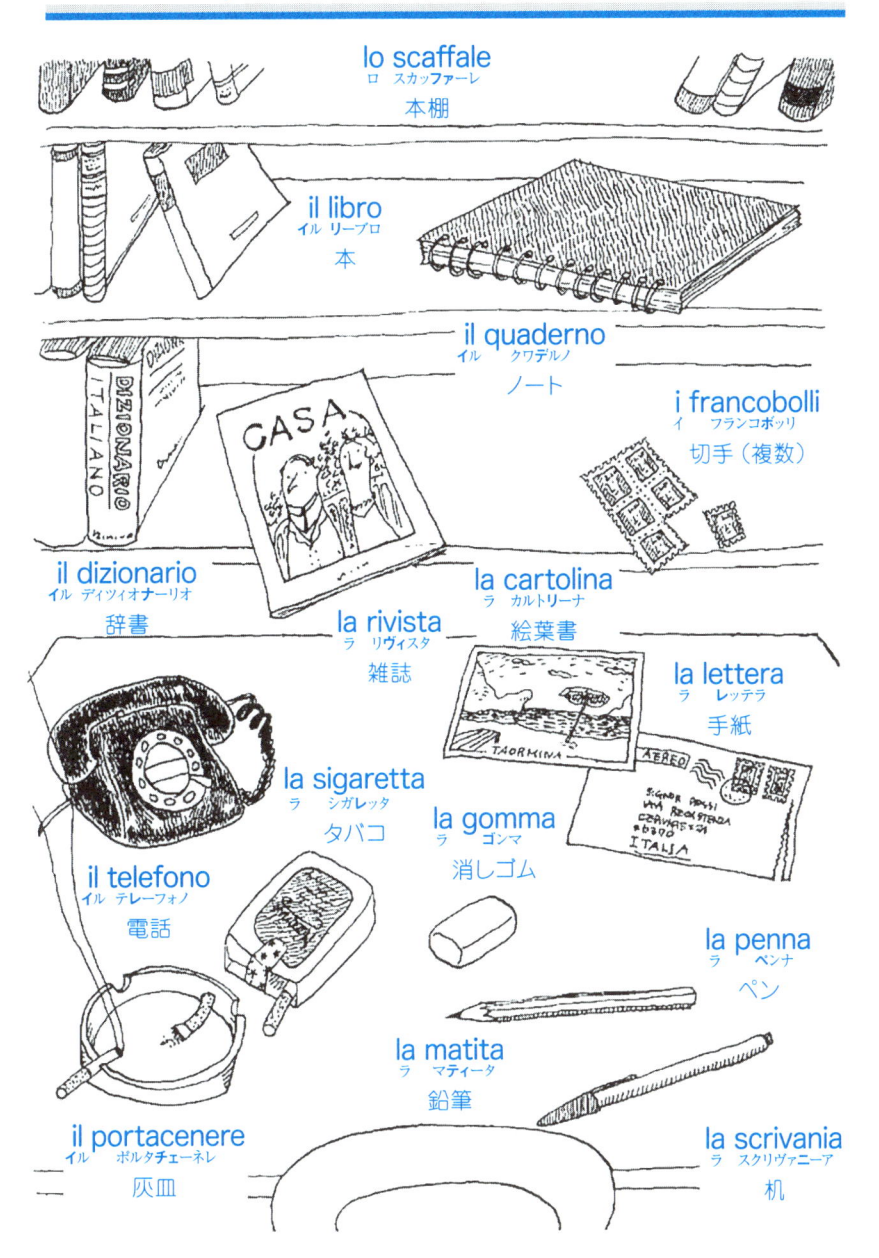

lo STUDIO 書斎
ロ　ストゥーディオ

lo scaffale
ロ　スカッファーレ
本棚

il libro
イル　リーブロ
本

il quaderno
イル　クワデルノ
ノート

i francobolli
イ　フランコボッリ
切手（複数）

il dizionario
イル　ディツィオナーリオ
辞書

la cartolina
ラ　カルトリーナ
絵葉書

la rivista
ラ　リヴィスタ
雑誌

la lettera
ラ　レッテラ
手紙

la sigaretta
ラ　シガレッタ
タバコ

la gomma
ラ　ゴンマ
消しゴム

il telefono
イル　テレーフォノ
電話

la penna
ラ　ペンナ
ペン

la matita
ラ　マティータ
鉛筆

il portacenere
イル　ポルタチェーネレ
灰皿

la scrivania
ラ　スクリヴァニーア
机

ヴィジュアル　イタリア語

centotrentatré
チェントトレンタトレ

il GUARDAROBA 衣装だんす
イル　　グワルダローバ

il cappotto
イル　カッポット
コート

la sciarpa
ラ　シャルパ
スカーフ

la camicia
ラ　カミーチャ
シャツ（ブラウス）

il maglione
イル　マッリィオーネ
セーター

la cravatta
ラ　クラヴァッタ
ネクタイ

la giacca
ラ　ジャッカ
ジャケット

la cintura
ラ　チントゥーラ
ベルト

la gonna
ラ　ゴンナ
スカート

un paio di pantaloni
ウン　パーイオ　ディ　パンタローニ
ズボン（1本）

un paio di calze
ウン　パーイオ　ディ　カルツェ
靴下（1足）

un paio di scarpe
ウン　パーイオ　ディ　スカルペ
靴（1足）

un paio di stivali
ウン　パーイオ　ディ　スティヴァーリ
ブーツ（1足）

134　centotrentaquattro
チェントトレンタクワットロ

il CORPO 身体
イル　コルポ

- la testa / ラ テスタ / 頭
- il collo / イル コッロ / 首
- la mano, le mani / ラ マーノ　レ マーニ / 手（単数）（複数）
- la spalla / ラ スパッラ / 肩
- il braccio / イル ブラッチョ / 腕（単数）
- le braccia / レ ブラッチャ / （複数）
- il dito / イル ディート / 指（単数）
- le dita / レ ディータ / （複数）
- la gamba / ラ ガンバ / 脚
- il piede / イル ピエーデ / 足

centotrentacinque
チェントトレンタチンクエ
135

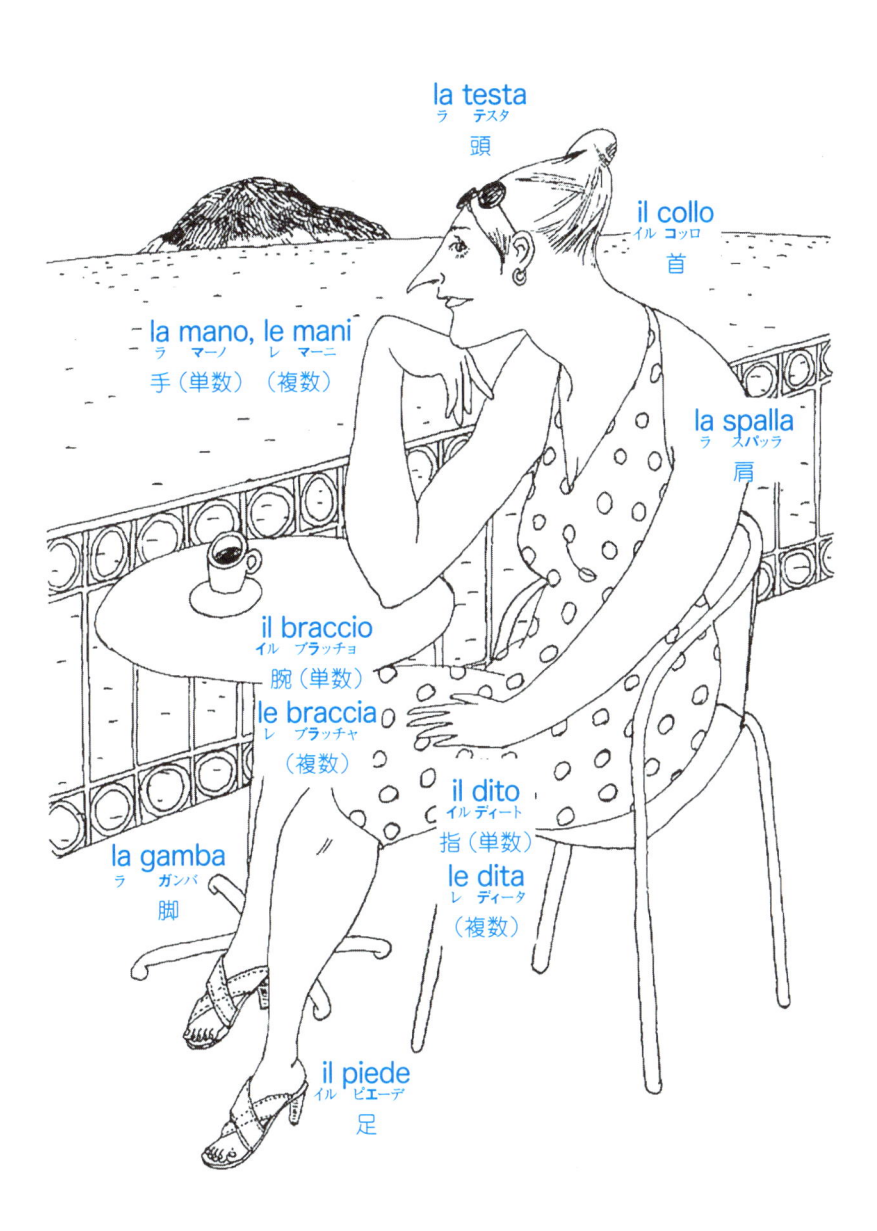

la FACCIA 顔
ラ　　ファッチャ

Track 94

i capelli
イ　カペッリ
髪

l'occhio
ロッキオ
目

gli occhiali
リィ　オッキアーリ
眼鏡

l'orecchio
ロレッキオ
耳

il naso
イル　ナーゾ
鼻

la barba
ラ　バルバ
ひげ

la guancia
ラ　グワンチャ
頬

il collo
イル　コッロ
首

la bocca
ラ　ボッカ
口

le labbra
レ　ラッブラ
唇

la gola
ラ　ゴーラ
喉

136 centotrentasei
チェントトレンタセーイ

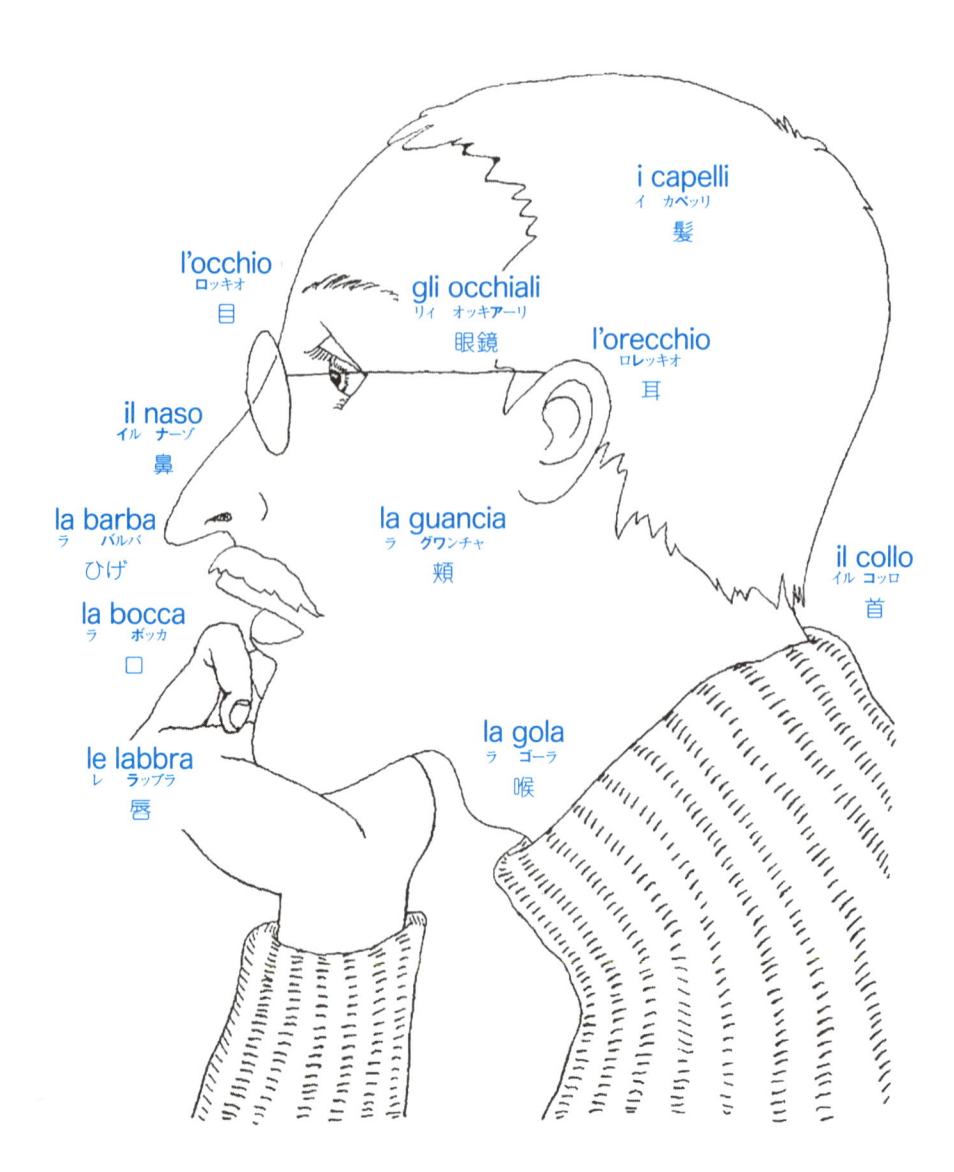

il MERCATO 市場

イル　　メルカート

FORMAGGI TIPICI - PARMIGIANO REGGIANO - BURRO - LA

- il riso / イル リーゾ / コメ
- la carne / ラ カルネ / 肉
- il burro / イル ブッロ / バター
- la frutta / ラ フルッタ / 果物
- il pesce / イル ペッシェ / 魚
- il formaggio / イル フォルマッジョ / チーズ
- la verdura / ラ ヴェルドゥーラ / 野菜
- il pane / イル パーネ / パン
- la pasta / ラ パスタ / パスタ

ヴィジュアル　イタリア語

centotrentasette
チェントトレンタセッテ

il TRASPORTO 交通
イル トラスポルト

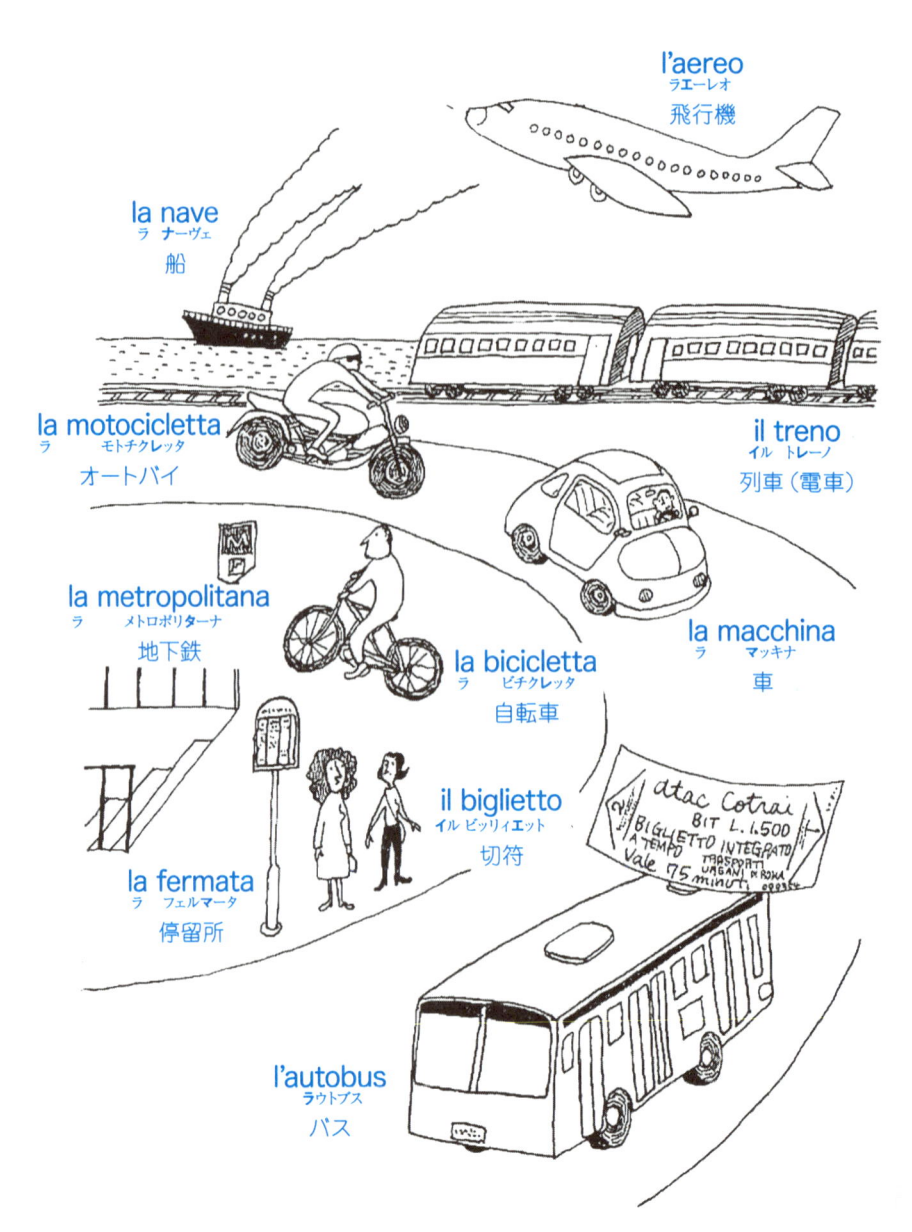

l'aereo
ラエーレオ
飛行機

la nave
ラ ナーヴェ
船

la motocicletta
ラ モトチクレッタ
オートバイ

il treno
イル トレーノ
列車（電車）

la metropolitana
ラ メトロポリターナ
地下鉄

la bicicletta
ラ ビチクレッタ
自転車

la macchina
ラ マッキナ
車

il biglietto
イル ビッリィエット
切符

la fermata
ラ フェルマータ
停留所

l'autobus
ラウトブス
バス

centotrentotto
チェントトレンタオット

il PAESAGGIO 風景
イル　　バエザッジョ

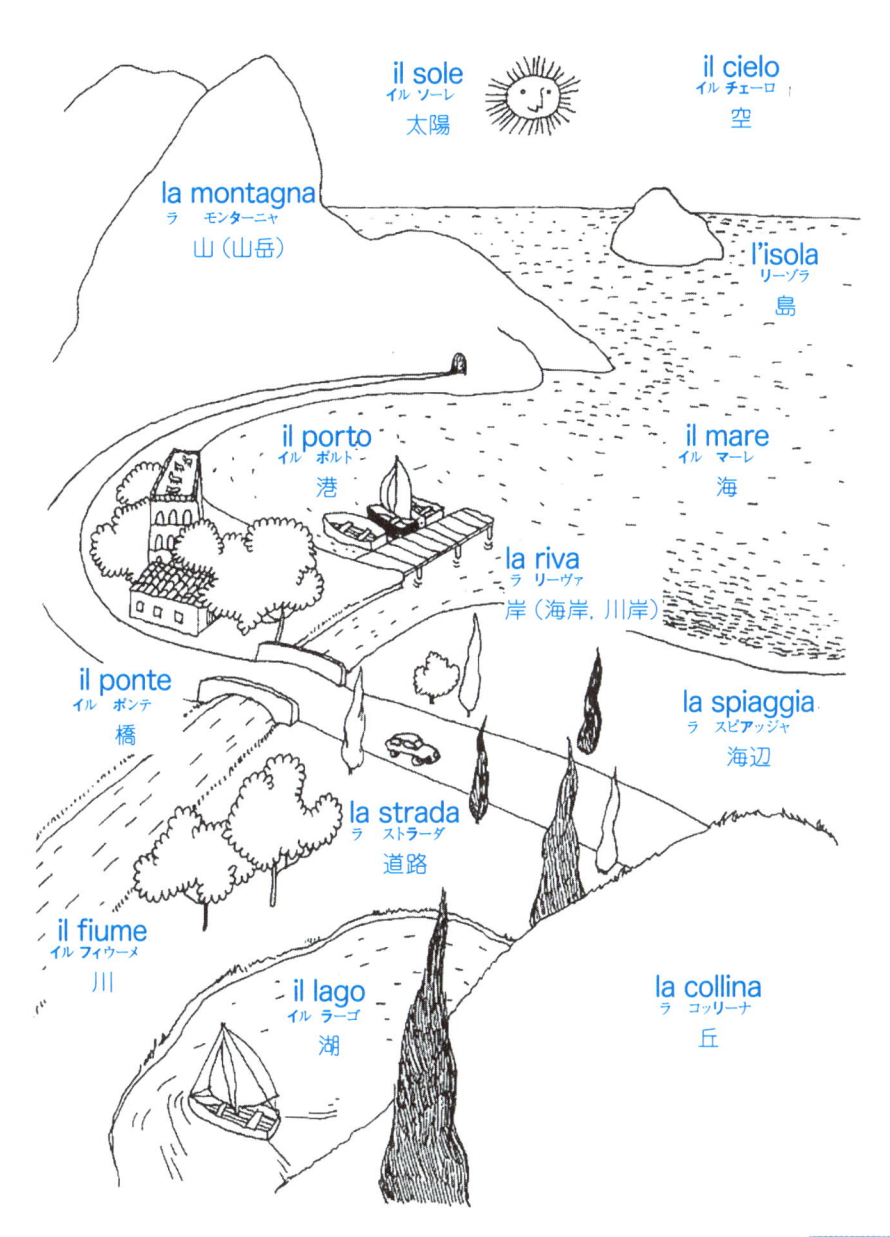

il sole イル ソーレ 太陽

il cielo イル チェーロ 空

la montagna ラ モンターニャ 山（山岳）

l'isola リーゾラ 島

il porto イル ポルト 港

il mare イル マーレ 海

la riva ラ リーヴァ 岸（海岸，川岸）

il ponte イル ポンテ 橋

la spiaggia ラ スピアッジャ 海辺

la strada ラ ストラーダ 道路

il fiume イル フィウーメ 川

il lago イル ラーゴ 湖

la collina ラ コッリーナ 丘

ヴィジュアル イタリア語

centotrentanove チェントトレンタノーヴェ

l'EDIFICIO 建物
レディフィーチョ

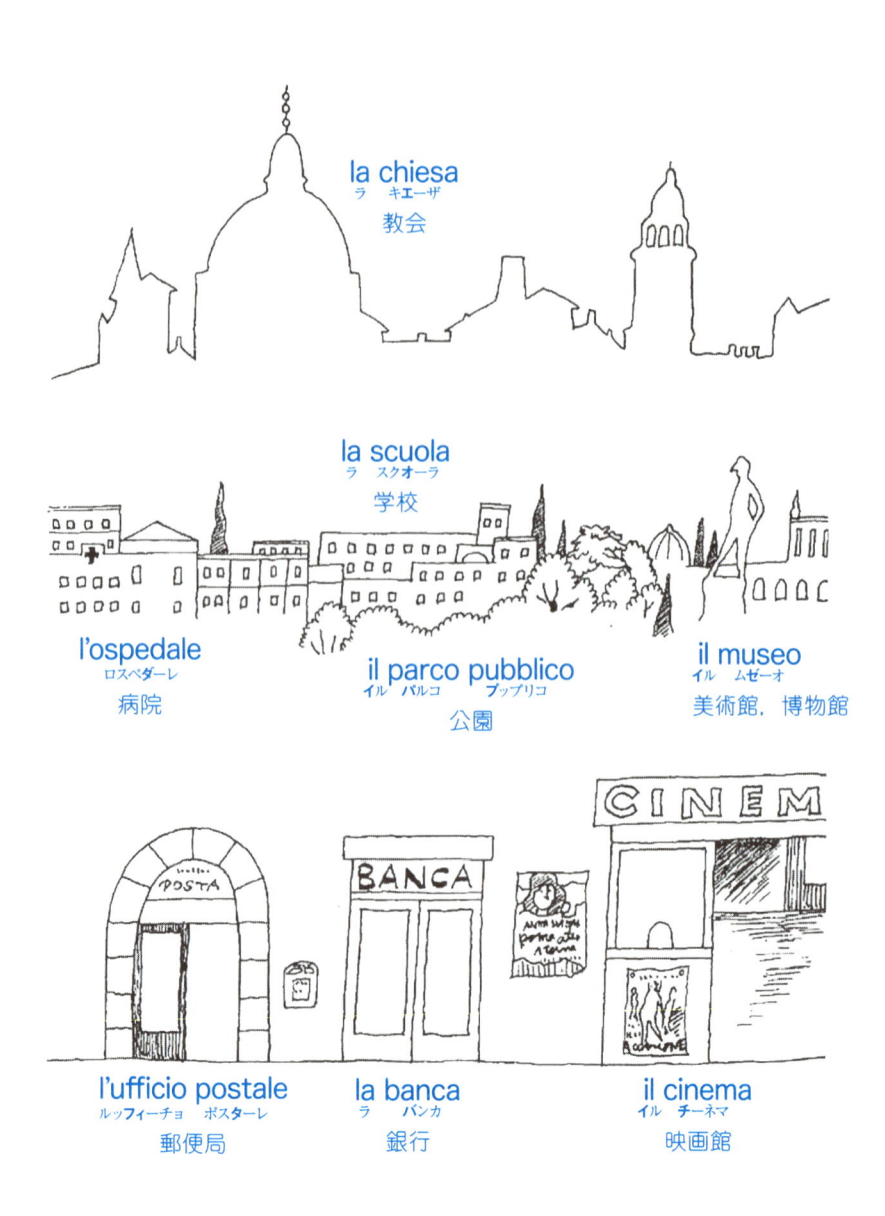

la chiesa
ラ キエーザ
教会

la scuola
ラ スクオーラ
学校

l'ospedale
ロスペダーレ
病院

il parco pubblico
イル パルコ プップリコ
公園

il museo
イル ムゼーオ
美術館，博物館

l'ufficio postale
ルッフィーチョ ポスターレ
郵便局

la banca
ラ バンカ
銀行

il cinema
イル チーネマ
映画館

140 centoquaranta
チェントクワランタ

la CARTA d'Italia イタリアの地図
ラ　　カルタ　　ディターリア

INDEX

- 男 男性名詞
- 女 女性名詞
- 複 名詞の複数形
- 冠 冠詞
- 代 代名詞
- 形 形容詞
- 所 所有形容詞
- 数 数詞
- 副 副詞
- 自 自動詞
- 自★ 自動詞（過去形にする際 essere を用いるもの）
- 他 他動詞
- 再 再帰動詞（本書ではくわしく扱っていません．例文の中で覚えてください）
- 疑 疑問詞
- 間 間投詞
- 接 接続詞
- 前 前置詞

A

a［ア］	前 〜に	118
abbastanza［アッバスタンツァ］	副 かなり，十分に	63
abbiamo	→ avere	26
abitare［アビターレ］	自 住む	121
accidenti［アッチデンティ］	間 困ったことになった	87
accompagnare［アッコンパニャーレ］	他 同伴する	52
accordo［アッコルド］	→ d'accordo	28
aceto［アチェート］	男 ビネガー（酢）	131
acqua［アックワ］	女 水	47
ad	→ a	71
adesso［アデッソ］	副 今	64
aereo［アエーレオ］	男 飛行機	92
aereoporto［アエロポルト］	男 空港	119
affrettarsi［アッフレッタールシ］	再 急ぐ	79

aggiustare［アッジュスターレ］	他 修理する	70
agli, ai, al, all', alla, alle, allo	→ a	119
agosto［アゴスト］	男 8月	114
albergo［アルベルゴ］	男 ホテル	52
albero［アルベロ］	男 木	107
alcuno［アルクーノ］	形 いくつかの	46
allora［アッローラ］	副 それでは	48
alto［アルト］	形 高い	34
altrettanto［アルトレッタント］	代 同様	75
altro［アルトロ］	形 別の	82
America［アメーリカ］	女 アメリカ	115
americano［アメリカーノ］	形 アメリカの（アメリカ人）	18
amica［アミーカ］	女 友人（女友達）	16
amico［アミーコ］	男 友人	17, 101
amore［アモーレ］	男 愛	95
anche［アンケ］	接 〜もまた	49
andare［アンダーレ］	自★ 行く	8, 43, 124
andata［アンダータ］	女 往路，行き	82
andiamo	→ andare	43, 125
anello［アネッロ］	男 指輪	84
anno［アンノ］	男 年	44
antico［アンティーコ］	形 古い	73
appuntamento［アップンタメント］	男 アポイントメント	76
aprile［アプリーレ］	男 4月	114
aprire［アプリーレ］	他 開ける	70
arancia［アランチャ］	女 オレンジ	101
aranciata［アランチャータ］	女 オレンジジュース	28
arrivare［アッリヴァーレ］	自★ 着く	54
arrivederci［アッリヴェデルチ］	間 さようなら	4
arte［アルテ］	女 芸術	77
asciugamano［アッシュガマーノ］	男 タオル	132
ascoltare［アスコルターレ］	他 聞く	79
aspettare［アスペッターレ］	他 待つ	66
attimo［アッティモ］	男 瞬間	124
auguri［アウグーリ］	間 おめでとう	87
aula［アーウラ］	女 教室	46
autobus［アウトブス］	男 バス	62
autunno［アウトゥンノ］	男 秋	59
avanti［アヴァンティ］	副 先（前方）に	62
avere［アヴェーレ］	他 持っている	26

142　centoquarantadue
チェントクワランタドゥーエ

avete	→avere		26
azzurro[アッズッロ]	形青い		35

B

bacio[バーチョ]	男キス		55
bagaglio[バガッリィオ]男 カバン(旅行鞄)			82
bagno[バーニョ]男 バスルーム(トイレ)			10
ballare[バッラーレ]	自踊る		43
bambino[バンビーノ]			
	男子供(女bambina)		104
banca[バンカ]	女銀行		120
bar[バール]	男バール		24
barba[バルバ]	男ひげ		136
basilica[バジーリカ]	女大聖堂		88
basso[バッソ]	形背の低い		34
bel	→bello		58
bello[ベッロ]	形美しい		19
bene[ベーネ]	副うまく，よく		5
benvenuto[ベンヴェヌート] 形ようこそ			104
bere[ベーレ]	他飲む		66
bevanda[ベヴァンダ]	女飲み物		104
bianco[ビアンコ]	形白い		35
bicchiere[ビッキエーレ]男コップ，グラス			131
bicicletta[ビチクレッタ]	女自転車		118
biglietto[ビッリィエット]	男切符		82
birra[ビッラ]	女ビール		131
bisognare[ビゾニャーレ]			
	自★〜する必要がある		79
bisogno[ビゾーニョ]	男必要		79
bocca[ボッカ]	女口	63,136
borsa[ボルサ]女 カバン(ハンドバッグ)			39
bottone[ボットーネ]	男ボタン		78
braccio[ブラッチョ]男 腕(複le braccia)			105
brutto[ブルット]	形ひどい		58
bugia[ブジーア]	女うそ		86
buono[ブオーノ]	形よい，おいしい		2
burro[ブッロ]	男バター		137

C

caffè[カッフェ]	男コーヒー		7
caldo[カルド]	形暑い(熱い)		27
calendario[カレンダーリオ]男 カレンダー			101
calze[カルツェ]	女複靴下		134
camera[カーメラ]	女部屋		23
cameriere[カメリエーレ]	男ボーイ		28
camicia[カミーチャ]女 シャツ(ブラウス)			23
campagna[カンパーニャ]	女田舎		103
cancellare[カンチェッラーレ]			
	他キャンセルする		82
cane[カーネ]	男犬		118
cantare[カンターレ]	他歌う		42
canzone[カンツォーネ]	女歌		103
capello[カペッロ]	男髪の毛		136
capire[カピーレ]	他理解する		63
capito[カピート]	→capire		63
cappotto[カッポット]	男コート		72
cappuccino[カップッチーノ]男 カプッチーノ			28
carissimo[カリッシモ]			
	形親愛なる〜(手紙で)		55
carne[カルネ]	女肉		51
carnevale[カルネヴァーレ]男 カーニバル			80
carta[カルタ]	女地図		141
cartolina[カルトリーナ]	女絵葉書		31
casa[カーサ]	女家		32
cassa[カッサ]	女レジ		10
c'è ..., ci sono ... 〜がある			22
cena[チェーナ]	女夕食		41
centesimi[チェンテージミ]セント(通貨単位)			10
cento[チェント]	数100		111
centro[チェントロ]	男中心		126
cercare[チェルカーレ]	自努める		99
certamente[チェルタメンテ]	副確かに		117
certo[チェルト]			
	形確かな，(副詞的に)もちろん		48
che[ケ]	疑何，どんな		35
chi[キ]	疑誰		33
chiamarsi[キアマールシ]再〜という名前だ			11
chiave[キアーヴェ]	女鍵		101
chiesa[キエーザ]	女教会		21
chiudere[キウーデレ]	他閉める		128
ci[チ]	代私たちを(に)	116,117
ci[チ]	副そこに		22
ci vuole ..., ci vogliono ...			
	(時間が)かかる		55

centoquarantatré
チェントクワランタトレ **143**

見出し	読み	品詞・意味	ページ
ciao	[チャーオ]	間 やあ，チャオ	4
cielo	[チェーロ]	男 空	139
cin cin	[チンチン]	間 乾杯	87
Cina	[チーナ]	女 中国	115
cinema	[チーネマ]	男 映画館	51
cinese	[チネーゼ]	形 中国の（中国人）	115
cinque	[チンクエ]	数 5	31
cintura	[チントゥーラ]	女 ベルト	134
città	[チッタ]	女 都市	104
classe	[クラッセ]	女 等級，クラス	82
classico	[クラッシコ]	形 クラシックの	48
collina	[コッリーナ]	女 丘	139
collo	[コッロ]	男 首	136
colore	[コローレ]	男 色	35
coltello	[コルテッロ]	男 ナイフ	30
come	[コーメ]	疑 どのように	5
cominciare	[コミンチャーレ]	自★ 始まる	52
commessa	[コンメッサ]	女 （女性の）店員	68
compito	[コンピト]	男 宿題	59
comprare	[コンプラーレ]	他 買う	47
con	[コン]	前 〜とともに	83,118
concerto	[コンチェルト]	男 コンサート	54
congratulazioni	[コングラトゥラツィオーニ]	間 おめでとう	87
conoscere	[コノッシェレ]	他 知っている	62
contento	[コンテント]	形 満足している	88
coraggio	[コラッジョ]	間 がんばれ（勇気）	87
corpo	[コルポ]	男 身体	135
cosa	[コーサ]	女 物	36
costare	[コスターレ]	自 （値段が）〜かかる	10
così	[コシ]	副 このように，こんなにも	79
cravatta	[クラヴァッタ]	女 ネクタイ	19
credere	[クレーデレ]	他 信じる	42
crema	[クレーマ]	女 クリーム	101
crepi		→ Crepi il lupo!	63
cucchiaio	[クッキアーイオ]	男 スプーン	131
cucina	[クチーナ]	女 台所，キッチン	101
cuffia	[クッフィア]	女 ヘッドフォン	36

D

見出し	読み	品詞・意味	ページ
d'accordo	[ダッコルド]	了解した	28
da	[ダ]	前 〜から	118
dagli, dai, dal, dall', dalla, dalle, dallo		→ da	119
dare	[ダーレ]	他 あたえる	27,124
degli, dei, del, dell', della, delle, dello		→ di	119
dente	[デンテ]	男 歯	27
dentifricio	[デンティフリーチョ]	男 歯磨き粉	132
depositare	[デポジターレ]	他 預ける	82
deposito	[デポージット]	男 一時預かり所	82
destra	[デストラ]	女 右	62
di	[ディ]	前 〜の	118
dialogo	[ディアーロゴ]	男 ダイアローグ	16
dicembre	[ディチェンブレ]	男 12月	114
diciannove	[ディチャンノーヴェ]	数 19	44
diciassette	[ディチャッセッテ]	数 17	111
diciotto	[ディチョット]	数 18	111
dieci	[ディエーチ]	数 10	31
difficile	[ディッフィーチレ]	形 難しい	81
Dio	[ディーオ]	男 神様	87
dire	[ディーレ]	他 言う	39,124
disco	[ディスコ]	男 レコード	50
discorso	[ディスコルソ]	男 話	79
dispiacere	[ディスピアチェーレ]	自★ 残念である	23
dito	[ディート]	男 指 （複 le dita）	135
divertimento	[ディヴェルティメント]	男 楽しみ	75
dizionario	[ディツィオナーリオ]	男 辞書	133
doccia	[ドッチャ]	女 シャワー	132
dodici	[ドーディチ]	数 12	111
domanda	[ドマンダ]	女 質問	46
domani	[ドマーニ]	副 明日	58
domenica	[ドメーニカ]	女 日曜日	114
donna	[ドンナ]	女 女性	22
dopo	[ドーポ]	副 前後で	40
doppio	[ドッピオ]	形 ツインの	23
dormire	[ドルミーレ]	自 寝る	40
dove	[ドーヴェ]	疑 どこに	10
dovere	[ドヴェーレ]	他 〜しなければならない	76,78,124
due	[ドゥーエ]	数 2	26

E

見出し	読み	品詞・意味	ページ
e	[エ]	接 そして	28
è		→ essere	19

144　centoquarantaquattro
チェントクワランタクワットロ

ecco[エッコ]	副 そこに〜がある		24
edificio[エディフィーチョ]	男 建物		140
essere[エッセレ]	自 〜です		19
estate[エスターテ]	女 夏		59
estero[エステロ] →all'estero	外国に		98
euro[エゥロ]	男 ユーロ(通貨単位)		10

F

facciamo, faccio, fa, fai	→fare		59,125
facile[ファーチレ]	形 簡単な		75
facilmente[ファチルメンテ]	副 簡単に		117
fame[ファーメ]	女 空腹		24
famiglia[ファミッリィア]	女 家族		102
famoso[ファモーゾ]	形 有名な		62
fare[ファーレ]	他 する		59,124
→per favore	お願いです		7
febbraio[フェッブラーイオ]	男 2月		114
felice[フェリーチェ]	形 幸せな		19
fermata[フェルマータ]	女 バス停		62
festa[フェスタ]	女 パーティー		124
figlia[フィッリィア]	女 娘		44
figlio[フィッリィオ]	男 息子		26
film[フィルム]	男 映画		43
fine settimana[フィーネセッティマーナ]	男 週末		80
finestra[フィネーストラ]	女 窓		70
finire[フィニーレ]	自★ 終わる		52
	他 終える		90
fino[フィーノ]	副 fino a 〜まで		122
fiore[フィオーレ]	男 花		46
fiorentino[フィオレンティーノ]	形 フィレンツェの		115
Firenze[フィレンツェ]	女 フィレンツェ		82
fisica[フィージカ]	女 物理学		34
fiume[フィウーメ]	男 川		139
fon[フォン]	男 ドライヤー		132
fontana[フォンターナ]	女 泉(噴水)		20
forchetta[フォルケッタ]	女 フォーク		18
formaggio[フォルマッジォ]	男 チーズ		137
forse[フォルセ]	副 おそらく		103
forza[フォルツァ]	間 がんばれ(力)		87
foto[フォート]	女 写真		70
fotografia[フォトグラフィーア]	女 写真		89
fotografico[フォトグラーフィコ]	形 写真の		33
fra[フラ]	前 〜後に		54
francese[フランチェーゼ]	男 フランス語		42
	形 フランスの(フランス人)		18
Francia[フランチャ]	女 フランス		115
francobollo[フランコボッロ]	男 切手		133
fratello[フラテッロ]	男 兄弟		17
freddo[フレッド]	形 寒い		27
fresco[フレスコ]	形 涼しい		58
fretta[フレッタ] →avere fretta	急いでいる		76
frutta[フルッタ]	女 果物		137
fumare[フマーレ]	自 タバコを吸う		70

G

galleria[ガッレリーア]	女 美術館		43
gamba[ガンバ]	女 脚		135
gatto[ガット]	男 ネコ		22
gelato[ジェラート]	男 アイスクリーム		102
genitori[ジェニートリ]	名 両親		34
gennaio[ジェンナーイオ]	男 1月		114
gente[ジェンテ]	女 人々		20,46
gentile[ジェンティーレ]	形 親切な		84
Germania[ジェルマーニア]	女 ドイツ		115
Gesù Cristo[ジェズ クリスト]	イエス・キリスト		83
già[ジャ]	副 すでに		92
giacca[ジャッカ]	女 ジャケット		68
giallo[ジャッロ]	形 黄色い		35
Giappone[ジャッポーネ]	男 日本		92
giapponese[ジャッポネーゼ]	男 日本語		11
	形 日本の(日本人)		16
giardino[ジャルディーノ]	男 庭		46
giornale[ジョルナーレ]	男 新聞		105
giorno[ジョルノ]	男 日		2
giovane[ジョーヴァネ]	形 若い		22
giovedì[ジョヴェディ]	男 木曜日		114
girare[ジラーレ]	他 まわる		98
giugno[ジューニョ]	男 6月		114
gli[リィ]	→冠 代		107,117
globale[グロバーレ]	形 全体的な		102
gloria[グローリア]	女 栄光		102

centoquarantacinque
チェントクワランタチンクエ **145**

gola[ゴーラ]	女喉	27
gomma[ゴンマ]	女消しゴム	133
gonna[ゴンナ]	女スカート	74
grazie[グラッツィエ]	間ありがとう	6
greco[グレーコ]	形ギリシャの	67
guancia[グワンチャ]	女頬	136
guardaroba[グワルダローバ]	男衣装だんす	134
guidare[グイダーレ]	他運転する	71
gusto[グスト]	男味	102

H I J

ha, hai, hanno, ho	→avere	26
i, il	→冠	107
ieri[イエーリ]	副昨日	89
impiegato[インピエガート]	男会社員	46
in[イン]	前〜の中に	118
incredibile[インクレディービレ]	形信じられない	87
indirizzo[インディリッツォ]	男住所	124
indovinare[インドヴィナーレ]	他当てる	71
Inghilterra[イングィルテッラ]	女イギリス	115
inglese[イングレーゼ]	男英語	11
	形イギリスの	115
insieme[インシエーメ]	副いっしょに	40
intenzione[インテンツィオーネ]	女意志	98
interessante[インテレッサンテ]	形興味深い	57
interessare[インテレッサーレ]	他興味を引く	50
invece[インヴェーチェ]	副それに反して	24
inverno[インヴェルノ]	男冬	59
invitare[インヴィターレ]	他招待する	116
io[イーオ]	代私	19
isola[イーゾラ]	女島	139
Italia[イターリア]	女イタリア	21
italiano[イタリアーノ]	男イタリア語	42
	形イタリアの(イタリア人)	18
Juventus[ユーヴェントゥス]	女(サッカーチームの名前)	129

L

la, le	→冠代 107,116,117
là[ラ]	副あそこに	24
labbro[ラッブロ]	男唇(複le labbra)	136
lago[ラーゴ]	男湖	139
lavorare[ラヴォラーレ]	自働く	120
lavoro[ラヴォーロ]	男仕事	122
leggere[レッジェレ]	他読む	128
leggero[レッジェーロ]	形軽い	37
lei[レーイ]	代彼女	19
Lei[レーイ]	代あなた	19
lettera[レッテラ]	女手紙	40
letto[レット]	男ベッド	130
li[リ]	→代	116
lì[リ]	副あそこに	25
libro[リーブロ]	男本	34
lirico	→opera lirica オペラ	48
lo[ロ]	→冠代 107,116
lontano[ロンターノ]	形遠い	104
loro[ローロ]	代彼ら	19
	所彼らの	109
luglio[ルッリィオ]	男7月 53,114
lui[ルーイ]	代彼	19
lunedì[ルネディ]	男月曜日	114
lungo[ルンゴ]	形長い	72
lupo[ルーポ]	男オオカミ	63

M

ma[マ]	接しかし	56
macchina[マッキナ]	女車	26
madre[マードレ]	女母親	34
maggio[マッジョ]	男5月	114
maglione[マッリィオーネ]	男セーター	134
malato[マラート]	形病気の	61
mal(e)[マル(マーレ)]	男痛み	27
male[マーレ]	副悪く	104
mamma[マンマ]	女ママ	87
mancare[マンカーレ]	自欠けている	92
mangiare[マンジャーレ]	他食べる	66
mano[マーノ]	女手(複le mani)	105
mare[マーレ]	男海	95
martedì[マルテディ]	男火曜日	114
marzo[マルツォ]	男3月	114
matita[マティータ]	女鉛筆	133
mattina[マッティーナ]	女朝	119

me[メ]	代 私に		28
medicina[メディチーナ]	女 薬		27
medico[メーディコ]	男 医者		59
meglio[メッリィオ]→fare del mio meglio			
	最善を尽くす		99
meno[メーノ]→meno male	よかった		56
mercato[メルカート]	男 市場		137
mercoledì[メルコレディ]	男 水曜日		114
mese[メーゼ]	男 月		55
metropolitana[メトロポリターナ]	女 地下鉄		129
mettere[メッテレ]	他 置く		128
mezzo[メッソ]	形 半分の	54,112
mi[ミ]	代 私を(に)	
		9,116,117
milanese[ミラネーゼ]	形 ミラノの	115
Milano[ミラーノ]	女 ミラノ	17
milione[ミリオーネ]	男 百万	111
mille[ミッレ]	数 千(複)mila	6,111
minuto[ミヌート]	男 分	55
mio[ミーオ]	所 私の	3,34,109
misura[ミズーラ]	女 サイズ	69
misurare[ミズラーレ]	他 測る	68
moglie[モッリィエ]	女 妻	102
molto[モルト]	形 たくさんの	26,46
	副 とても	19,50
momento[モメント]	男 一瞬	68
montagna[モンターニャ]	女 山	139
monumento[モヌメント]	男 遺跡	67
morire[モリーレ]	自★ 死ぬ	129
morto[モルト]	→morire	104,129
motocicletta[モトチクレッタ]女 オートバイ		90
museo[ムゼーオ]	男 美術館, 博物館	10
musica[ムージカ]	女 音楽	48

N

napoletano[ナポレターノ]	形 ナポリの	115
Napoli[ナーポリ]	名 ナポリ	115
nascere[ナッシュレ]	自★ 生まれる	113
naso[ナーソ]	男 鼻	136
Natale[ナターレ]	男 クリスマス	83
naturalmente[ナトゥラルメンテ]	副 当然	59
nave[ナーヴェ]	女 船	18

nazionalità[ナツィオナリタ]	女 国籍	35
negli, nei, nel, nell', nella, nelle, nello→in		119
negozio[ネゴーツィオ]	男 店	72
nero[ネーロ]	形 黒い	35
neve[ネーヴェ]	女 雪	58
nevicare[ネヴィカーレ]	自 雪が降る	58
niente[ニエンテ]	代 何もない(もの)	6
no[ノ]	間 いいえ	9
noi[ノーイ]	代 私たち	19
noleggiare[ノレッジャーレ]	他 借りる	81
nome[ノーメ]	男 名前	119
non[ノン]	副 ～でない	18
nostro[ノストロ]	所 私たちの	62,109
notte[ノッテ]	女 夜	3
nove[ノーヴェ]	数 9	31
novembre[ノヴェンブレ]	男 11月	114
numero[ヌーメロ]	男 数	60
nuotare[ヌオターレ]	自 泳ぐ	71
nuovo[ヌオーヴォ]	形 新しい	36
nuvola[ヌーヴォラ]	女 雲	58
nuvoloso[ヌヴォローソ]	形 曇った	58

O

o[オ]	接 あるいは	51
occhiali[オッキアーリ]	男(複)眼鏡	136
occhio[オッキオ]	男 目	136
offrire[オッフリーレ]	他 提供する	128
oggi[オッジ]	副 今日	56
olio[オーリオ]	男 オイル	131
opera[オーペラ]	女 オペラ	48
ora[オーラ]	女 時間	52
orecchio[オレッキオ]	男 耳	136
orologio[オロロージョ]	男 時計	104
orrore[オッローレ]	男 恐怖	86
ospedale[オスペダーレ]	男 病院	140
otto[オット]	数 8	31
ottobre[オットーブレ]	男 10月	114

P

pacco[パッコ]	男 小包	101
padre[パードレ]	男 父親	34

見出し語	意味	頁
paesaggio [パエザッジョ]	男 景色，風景	139
paio [パーイオ]	男 1対	134
pancia [パンチャ]	女 腹	27
pane [パーネ]	男 パン	137
panino [パニーノ]	男 パニーノ	28
pantaloni [パンタローニ]	男 ズボン	134
paradiso [パラディーソ]	男 天国	39
parco [パルコ]	男 公園	140
parlare [パルラーレ]	他 話す	11,42
partire [パルティーレ]	自★ 出発する	62
partita [パルティータ]	女 試合	129
Pasqua [パスクワ]	女 復活祭	83
passaporto [パッサポルト]	男 パスポート	25
passare [パッサーレ]	他 まわす	70
	自★ 通る	118
pasta [パスタ]	女 パスタ	137
paura [パウーラ]	女 恐怖	79
pazienza [パツィエンツァ]	女 忍耐	26
peccato [ペッカート]	間 残念だ	87
penna [ペンナ]	女 ペン	118
pensare [ペンサーレ]	他 考える，思う	67
pentola [ペントラ]	女 ナベ	131
pepe [ペーペ]	男 コショウ	131
per [ペル]	のために，〜の間(期間)	7,54,118
perché [ペルケ]	疑 なぜ	76
perdere [ペルデレ]	他 失う	128
persona [ペルソーナ]	女 人物	46
pesce [ペッシェ]	男 魚	51
pettine [ペッティネ]	男 クシ	132
piacere [ピアチェーレ]	自★ 好ましい	48,50
	男 喜び(はじめまして)	3
piano [ピアーノ]	男 階	32
pianterreno [ピアンテッレーノ]	男 1階	33
piatto [ピアット]	男 皿	105,113
piazza [ピアッツァ]	女 広場	46
piccolo [ピッコロ]	形 小さい	37
piede [ピエーデ]	男 足	18
pioggia [ピオッジャ]	女 雨	58
piovere [ピオーヴェレ]	自 雨が降る	56
piscina [ピッシーナ]	女 プール	58
pizza [ピッツァ]	女 ピザ	103
più [ピュ]	形副 より多い(く)	64,74
po' [ポ]	poco の省略形 →un po' 少し	42
poco [ポーコ]	形 少ない	46
poi [ポーイ]	副 その後	96
poltrona [ポルトローナ]	女 ソファ	130
ponte [ポンテ]	男 橋	139
porta [ポルタ]	女 ドア	128
portacenere [ポルタチェーネレ]	男 灰皿	133
portare [ポルターレ]	他 運ぶ，持っている	68
porto [ポルト]	男 港	139
postale [ポスターレ]	形 郵便の	140
posto [ポスト]	男 座席	65
potere [ポテーレ]	自 〜できる	68,70,126
pranzo [プランツォ]	男 昼食	130
preferire [プレフェリーレ]	他 好む	51
prego [プレーゴ]	間 どういたしまして，どうぞ	6,7
prendere [プレンデレ]	他 とる	8
prenotare [プレノターレ]	他 予約する	65
prenotazione [プレノツィオーネ]	女 予約	82
preoccuparsi [プレオックパールシ]	再 心配する	79
preparare [プレパラーレ]	他 用意する	78
presentare [プレゼンターレ]	他 紹介する	16
presto [プレスト]	副 早く	92
prima [プリーマ]	前 prima di 〜の前に	40
	副 まず	79
primavera [プリマヴェーラ]	女 春	59
primo [プリーモ]	数 第1の	32,112
problema [プロブレーマ]	男 問題	26
professore [プロフェッソーレ]	男 教授	38
professoressa [プロフェッソレッサ]	女 (女性の)教授	38
progetto [プロジェット]	男 計画	98
pronto [プロント]	間 もしもし	64
prossimo [プロッシモ]	形 次の	80
provare [プロヴァーレ]	他 試す	68
pubblico [プッブリコ]	形 公的な	140

Q

qua [クワ]	副 ここに	25
quaderno [クワデルノ]	男 ノート	35
quadro [クワードロ]	男 絵画	85
qualche [クワルケ]	形 いくつかの	26,47

qualcosa[クワルコーザ]	代 何か	56
quando[クワンド]	疑 いつ	52,54
quanto[クワント]	疑 どのくらいの	10,47
quattro[クワットロ]	数 4	31
quattordici[クワットルディチ]	数 14	111
quel	→ quello	38
quello[クエッロ]	代 あれ，あの	36,38
questo[クエスト]	代 これ，この	8,38
questura[クエストゥーラ]	女 警察署	78
qui[クイ]	副 ここに	24
quindici[クインディチ]	数 15	44
quotidiano[クオティディアーノ]	男 日刊紙	103

R

raccontare[ラッコンターレ]	他 語る	40
ragazza[ラガッツァ]	女 少女	22
ragazzo[ラガッツォ]	男 少年，青年	22
rapido[ラーピド]	形 特急の	82
regalare[レガラーレ]	他 プレゼントする	116
regalo[レガーロ]	男 プレゼント	84
ricco[リッコ]	形 金持ちの	74
richiamare[リキアマーレ]	他 電話をかけなおす	64
rimanere[リマネーレ]	自★ 残っている	47,126
ringraziare[リングラッツィアーレ]	他 感謝する	60
riso[リーゾ]	男 コメ	137
ristorante[リストランテ]	男 レストラン	39
ritorno[リトルノ]	男 復路	82
riuscire[リウッシーレ]	自★ 成功する	71
riva[リーヴァ]	女 岸，海岸，川岸	139
rivedere[リヴェデーレ]	他 再会する	96
rivista[リヴィスタ]	女 雑誌	34
Roma[ローマ]	女 ローマ	20
romano[ロマーノ]	形 ローマの	115
romanzo[ロマンゾ]	男 小説	75
rosso[ロッソ]	形 赤い	35
rubinetto[ルビネット]	男 蛇口	132

S

sabato[サーバト]	男 土曜日	114
sala[サーラ]	女 部屋	130
sale[サーレ]	男 塩	70
salute[サルーテ]	乾杯（健康）	87
saluti[サルーティ]	男 敬具（手紙で）	55
san[サン]	→ San Marco 聖マルコ（サンマルコ）	88
sapere[サペーレ]	他 知っている	60,62,126
sapone[サポーネ]	男 石鹸	132
scaffale[スカッファーレ]	男 本棚	133
scala[スカーラ]	女 階段	102
scarpe[スカルペ]	女 複靴	134
scatola[スカートラ]	女 箱	71
scendere[シェンデレ]	自★ 降りる	129
schiena[スキエーナ]	女 背	102
sciarpa[シャルパ]	女 スカーフ	102
sciopero[ショーペロ]	男 ストライキ	102
scorso[スコルソ]	形 過ぎ去った	91
scrivania[スクリヴァニーア]	女 書き物机	133
scrivere[スクリーヴェレ]	他 書く	40
scuola[スクオーラ]	女 学校	59
scusare[スクザーレ]	他 許す	9,60
scusi	→ Mi scusi! すみません（原形はscusare）	9
se[セ]	接 もし	58
secondo[セコンド]	数 第2の	33,112
sedia[セーディア]	女 椅子	130
sedici[セーディチ]	数 16	111
segretaria[セグレターリア]	女 秘書	64
sei[セーイ]	数 6	31
sei	→ essere	19
semplice[センプリチェ]	形 単純な	117
semplicemente[センプリチェメンテ]	副 単純に	117
sentire[センティーレ]	他 感じる	42
senza	→ Senz'altro! もちろん	49
sera[セーラ]	女 晩	2
serio[セーリオ]	形 真面目な	124
	→ sul serio 真面目に	
sete[セーテ]	女 喉の渇き	24
sette[セッテ]	数 7	31
settembre[セッテンブレ]	男 9月	114
settimana[セッティマーナ]	女 週	54
si[シ]	代[再帰代名詞]	39,83
sì[シ]	間 はい	9

siamo, siete	→essere		19
Sicilia [シチーリア]	女 シチリア(島)		67
siciliano [シチリアーノ]	形 シチリアの		115
Sig. [シニョール]	→signor(英Mr.)		45
sigaretta [シガレッタ]	女 タバコ		133
signora [シニョーラ]	女 夫人，～さん		45
signore [シニョーレ]	男 紳士，～氏		44
signorina [シニョリーナ]	女 未婚の女性，お嬢さん		45
simpatico [シンパーティコ]	形 感じのよい		19
singolo [シンゴロ]	形 シングルの		23
sinistra [シニーストラ]	女 左		62
smartphone [スマートフォン]	男 スマートフォン		36
soggiorno [ソッジョルノ]	男 居間(リビング)		130
soldo [ソルド]	男 お金		129
sole [ソーレ]	男 太陽		139
solito [ソーリト]	→di solito ふつうは		122
solo [ソーロ]	副 ～だけ		23
sono	→essere		19
soprattutto [ソプラットゥット]	副 とりわけ		48
sorella [ソレッラ]	女 姉妹		110
sorpresa [ソルプレーザ]	女 驚き		86
sotto [ソット]	前 ～の下に		22,118
spaghetti [スパゲッティ]	男名 スパゲティ		102
Spagna [スパーニャ]	女 スペイン		115
spagnolo [スパニョーロ]	形 スペインの		115
spalla [スパッラ]	女 肩		135
spazzolino [スパッツォリーノ]	男 歯ブラシ		132
spedire [スペディーレ]	他 送る		116
spendere [スペンデレ]	他 費やす		129
spettacolo [スペッターコロ]	男 舞台の出し物		52
spiacente [スピアチェンテ]	形 残念な		64
spiaggia [スピアッジャ]	女 海辺		139
spiegazione [スピエガツィオーネ]	女 説明		63
sportivo [スポルティーヴォ]	形 カジュアルな		23
stagione [スタジョーネ]	女 季節		59
stanco [スタンコ]	形 疲れた		19
stare [スターレ]	自★いる，ある		5,126
stazione [スタツィオーネ]	女 駅		55
stella [ステッラ]	女 星		95
stivali [スティヴァーリ]	男複 ブーツ		134
stomaco [ストーマコ]	男 胃		27
storia [ストーリア]	女 歴史，話		50
strada [ストラーダ]	女 道		139
strano [ストラーノ]	形 変わった		75
studente [ストゥデンテ]	男 学生(女 studentessa)		19
studiare [ストゥディアーレ]	他 勉強する		55
studio [ストゥーディオ]	男 書斎		133
su [ス]	前 ～の上に		118
subito [スービト]	副 すぐに		79
sugli, sui, sul, sull', sulla, sulle, sullo →su			119
suo [スーオ]	所 彼(彼女，あなた)の		44,109
supplemento [スップレメント]	男 割増料金		82

T

taglia [タッリィア]	女 サイズ		68
tanto [タント]	形 たくさんの		20,46
	副 とても		79
tardi [タルディ]	副 遅く		64
tavola [ターヴォラ]	女 食卓		130
tavolo [ターヴォロ]	男 机		22
taxi [タクシ]	男 タクシー		121
tazza [タッツァ]	女 カップ		30
te [テ]	代 君に		29
tè [テ]	男 紅茶		51
teatro [テアートロ]	男 劇場		48
tedesco [テデスコ]	形 ドイツの		115
telefonare [テレフォナーレ]	自 電話する		65
telefono [テレーフォノ]	男 電話		60
televisore [テレヴィゾーレ]	男 テレビ		130
tempo [テンポ]	男 時間		26
terzo [テルツォ]	数 第3の		113
tesoro [テゾーロ]	男 宝物		95
testa [テスタ]	女 頭		135
tetto [テット]	男 屋根		130
ti [ティ]	代 君を(に)		116,117
titolo [ティートロ]	男 題名		71
Tiziano [ティツィアーノ]	(画家の名前)		85
toccare [トッカーレ]	他 触る		78
tornare [トルナーレ]	自★戻る		53
Toscana [トスカーナ]	女 トスカーナ(州)		98
trasporto [トラスポルト]	男 交通		138
tre [トレ]	数 3		31

tredici [トレディチ]	数13	111
treno [トレーノ]	男電車	8
Trevi [トレーヴィ]		
→fontana di Trevi トレヴィの泉		20
troppo [トロッポ] 形あまりにも多くの	78
tu [トゥ]	代君	19
tuo [トゥーオ]	所君の	32,40,109
tuono [トゥオーノ]	男雷	58
turista [トゥリスタ]	男旅行者	19
tutto [トゥット]	形すべての	74

U

ubriaco [ウブリアーコ]	形酔った	71
ufficio [ウッフィーチョ] 男会社，事務所	126
Uffizi [ウッフィッツィ] →Galleria degli Uffizi		
	ウフィッツィ美術館	43
ultimo [ウルティモ]	形最新の	43
un, un', una, uno 冠ある，1つの 30,106
undici [ウンディチ]	数11	52
università [ウニヴェルシタ]	女大学	104
uno [ウーノ]	数1	22
uomo [ウオーモ]	男男性	22
uscire [ウッシィーレ]	自★外出する	126

V

va	→Va bene. いいです	8
va, vado, vai	→andare	124
vacanza [ヴァカンツァ]	女休暇	75
valigia [ヴァリージャ]	女スーツケース	82
vasca [ヴァスカ]	女バスタブ	132
vecchio [ヴェッキォ]	形年老いた	22
vedere [ヴェデーレ]	他見る	4
vena [ヴェーナ]	女静脈	104
venerdì [ヴェネルディ]	男金曜日	114
Venezia [ヴェネーツィア] 女ヴェネツィア	80
veneziano [ヴェネツィアーノ]		
	形ヴェネツィアの	84
venire [ヴェニーレ]	自★来る	53,126
venti [ヴェンティ]	数20	45
vento [ヴェント]	男風	58
veramente [ヴェラメンテ]	副本当に	84
verde [ヴェルデ]	形緑色の	35
verdura [ヴェルドゥーラ]	女野菜	137
vero [ヴェーロ]	形本当の	20
verso [ヴェルソ]	前〜頃	52
vestito [ヴェスティート]	男服	51
vetro [ヴェートロ]	男ガラス	84
vi [ヴィ]	代君たちを(に)	116,117
viaggio [ヴィアッジョ]	男旅行	75
vicino [ヴィチーノ]	副近くに	24
villa [ヴィッラ]	女別荘	110
vincere [ヴィンチェレ]	他勝つ	129
vino [ヴィーノ]	男ワイン	66
visitare [ヴィジターレ]	他訪れる	67
vita [ヴィータ]	女生活	40
voglia [ヴォッリィア]	女望み	67
voi [ヴォーイ]	代君たち	19
volentieri [ヴォレンティエーリ] 副喜んで	48
volere [ヴォレーレ] 他望む，欲する 47,66,126
vorrei	→volere	64
vostro [ヴォストロ]	所君たちの	109

Z

zero [ゼーロ]	男ゼロ	111
zio [ツィーオ]	男おじ(女zia)	106
zucchero [ツッケロ]	男砂糖	47

centocinquantuno
チェントチンクワントゥーノ

畑瞬一郎（はた しゅんいちろう）
東京藝術大学教授

CD付
ゼロから話せるイタリア語（改訂版）
2015年 9月20日 第1刷発行

著　者—畑瞬一郎
発行者—前田俊秀
発行所—株式会社 三修社
　　　〒150-0001　東京都渋谷区神宮前2-2-22
　　　TEL 03-3405-4511
　　　FAX 03-3405-4522
　　　振替 00190-9-72758
　　　http://www.sanshusha.co.jp/
　　　編集担当　菊池 暁

印刷所—凸版印刷株式会社
製本所—牧製本印刷株式会社

カバーデザイン　峯岸孝之（Comix Brand）
本文イラスト　九重加奈子
本文組版　有限会社トライアングル

© Shunichiro Hata 2015 Printed in Japan
ISBN978-4-384-05770-6 C0087

Ⓡ〈日本複製権センター委託出版物〉
本書を無断で複写複製（コピー）することは、著作権法上での例外を除き、禁じられています。本書をコピーされる場合は、事前に日本複製権センター（JRRC）の許諾を受けてください。
JRRC 〈http://www.jrrc.or.jp　e-mail:info@jrrc.or.jp
TEL:03-3401-2382〉